W. Krucker

Strukturbildende Psychotherapie

Tiefenpsychologie und aktive Imagination

Springer-Verlag
Berlin Heidelberg New York
London Paris Tokyo

Dr. W. Krucker
Psychologe
Sozialpsychiatrische Beratungsstelle
Region Wil
Bleichestraße 22
CH-9500 Wil

ISBN 3-540-18150-4 Springer-Verlag Berlin Heidelberg New York
ISBN 0-387-18150-4 Springer-Verlag New York Berlin Heidelberg

Printed in Germany

Druck- und Bindearbeiten: Kieser, 8902 Neusäß
2119/3140-543210

Vorwort

In letzter Zeit wird gern zwischen Psychoanalyse und psychoanalytisch orientierter Psychotherapie unterschieden. Die Psychoanalyse meint eine Konfliktanalyse auf einem relativ stabilen Niveau der Persönlichkeitsentwicklung. Dabei wird von der Meinung ausgegangen, daß sich die erste Lebenszeit mehr oder weniger ungestört entwickelt hat. Erst die ödipale Phase hat das Kind nicht richtig bewältigt. Die klassischen Neurosen sind dann das Ergebnis. Die Psychoanalyse ist eine Form zur Behandlung dieser Störungen. Jetzt scheinen diese klassischen Neurosen mehr und mehr zu verschwinden. An ihre Stelle treten die »frühen Persönlichkeitsstörungen«. Ein voll ausgebildetes neurotisches Niveau in der Entwicklung wurde kaum erreicht. Im Gegensatz dazu stehen jetzt die Strukturmängel im Vordergrund. Diese Störungen sind mit der klassischen Psychoanalyse schwer zu behandeln. Dagegen beschäftigt sich eine modifizierte Psychotherapie mit diesen Strukturproblemen.

Dieser Arbeit liegt die Auffassung zugrunde, daß eine bessere Strukturierung der Persönlichkeit vorrangiges Ziel der Psychotherapie ist. Damit sind viele Fortschritte in der psychischen Entwicklung verbunden. Wie kann diese Entwicklung einerseits angespornt werden? Wie können andererseits gleichzeitig traumatische Erfahrungen verarbeitet werden? Um diese Fragen zu beantworten, wird es nötig sein, das bisherige psychoanalytische Verständnis zu erweitern. Die Substanz der psychoanalytischen Behandlung, nämlich die Meinung, daß seelisches Wachstum in einem zwischenmenschlichen Kontakt möglich ist, wird dabei nicht angetastet. Dem metapsychologischen Hintergrund der Psychoanalyse wird aber eine andere Auffassung der Psyche entgegengesetzt. Dies erlaubt einen breiteren Zugang in Richtung Strukturbildung. Mit anderen Worten: es wird ein daseinsanalytischer Hintergrund der Therapie skizziert.

In einem zweiten Schritt wird es wichtig werden, einige neuere Strömungen aus dem Umfeld der Psychoanalyse zusammenzufassen. Dabei interessieren besonders die konkreten Hinweise bezüglich der Entwicklung von psychischen Strukturen. Fehlbildungen oder Fixierungen werden so thematisiert und können in der Behandlung aktualisiert werden.

In einem dritten Schritt werden schließlich das daseinsanalytische Menschen- und Therapieverständnis zusammen mit den psychoanalytischen Hinweisen für die Strukturbildung der Imaginationstherapie fruchtbar gemacht. Dies bedeutet wiederum eine Modifikation des klassischen Verfahrens des katathymen Bilderlebens. Ein theoretischer und praktischer Teil wird diese Therapie möglichst konkret illustrieren.

Viele andere haben zu diesen Gedanken die Basis gelegt. Danken möchte ich Dr. Hermann Städeli, Leiter des Kinder- und Jugendpsychiatrischen Dienstes, St. Gallen, Prof. Medard Boss und Prof. Gion Condrau vom Daseinsanalytischen Institut, Zürich, und Dr. Alois Hicklin vom ebengenannten Institut, für kritische Kommentare. Hermann Maass war mir ein unermüdlicher Diskussionspartner. Von ihm habe ich die entscheidenden Einsichten in das Imaginationsverfahren gelernt. Sie alle ermöglichten mir ein Verständnis für Psychotherapie, zu dem aber auch in besonderer Weise meine Analytikerin beigetragen hat. Ebenso danke ich sehr Frau R. Markmann, die meine Manuskripte getippt hat.

Im August 1987

Inhaltsverzeichnis

A. Theoretische Grundlagen

A. Theoretische Grundlagen

1 *Was Freud sah und übersah. Das naturwissenschaftliche Weltbild seiner Zeit und dessen Einfluß auf die Psychoanalyse*

Nicht immer wurde der kindlichen Entwicklung soviel Gewicht beigemessen wie dies heute der Fall ist. Es sind wenige Jahre her, als Lloyd de Mause erstmals die Geschichte der Kindheit im Westen untersuchte. Was bedeutete es früher, Kind zu sein? Nach de Mause fällt die Antwort nicht sehr positiv aus. Vielmehr sei die Geschichte der Kindheit ein »Alptraum, aus dem wir gerade erst erwachen. Je weiter wir in der Geschichte zurückgehen, desto unzureichender wird Pflege und Fürsorge für das Kind und desto größer die Wahrscheinlichkeit, daß Kinder getötet, ausgesetzt, geschlagen, gequält und sexuell mißhandelt wurden« (de Mause 1977, S. 12). So sei der Kindermord bis ins 4. Jahrhundert in Griechenland wie in Rom weder vor dem Gesetz noch in der öffentlichen Meinung als etwas Unrechtes betrachtet worden. Bis ins 13. Jahrhundert war es üblich, die Kinder wegzugeben zu einer Säugamme, ins Kloster, zu Pflegeeltern, oder sie einfach zu Hause der völligen emotionalen Vereinsamung zu überlassen. Später, bis ins 17. Jahrhundert, war die Vorstellung weit verbreitet, das Kind sei zu formen. Man stellte sich vor, das Kind sei wie aus Wachs, Gips oder Lehm und müsse erst in eine Form gebracht werden. Entsprechend wurden Anleitungen für die Kindererziehung wichtig. Nach einer kurzen Übergangsphase bestand die Erziehung eines Kindes immer darin, es auszubilden, es anzupassen und zu sozialisieren.

Mit dem Christentum war ebenfalls die Vorstellung von der kindlichen Unschuld aufgekommen. »Wenn Christus«, so sagte Clemens von Alexandrien, »den Menschen riet, wie die kleinen

Kinder zu werden, um ins Himmelreich zu kommen, so dürfe man den nicht falsch verstehen. Christus habe gemeint, daß die Menschen so unbefleckt werden sollten wie die Kinder – rein, ohne sexuelles Wissen« (de Mause 1977, S. 76).

Entsprechend aufgeregt fielen die Reaktionen auf Freuds Behauptungen aus, der mit seinen Untersuchungen eine neue Ära zum Verständnis der kindlichen Entwicklung eröffnete. Denn durch ihn wurden obige Behauptungen in Frage gestellt. So führt er aus: »Nein, meine Herren, es ist gewiß nicht so, daß der Sexualtrieb zur Pubertätszeit in die Kinder fährt, wie im Evangelium der Teufel in die Säue. Das Kind hat seine sexuellen Triebe und Betätigungen von Anfang an, es bringt sie mit auf die Welt, und aus ihnen geht durch eine bedeutungsvolle, an Etappen reiche Entwicklung, die sogenannte normale Sexualität der Erwachsenen hervor. Es ist nicht einmal schwer, die Äußerungen dieser kindlichen Sexualbetätigung zu beobachten; es gehört vielmehr eine gewisse Kunst dazu, sie zu übersehen oder wegzudeuten« (Freud 1952, S. 43).

Die kindliche Entwicklung bekam insofern eine neue Dimension, als gewisse Gruppen von Krankheiten, die der üblichen medizinischen Behandlung widerstanden, von Freud in einen lebensgeschichtlichen Zusammenhang gestellt wurden. Diese neurotisch genannten Beeinträchtigungen, die sich oftmals genug in körperlichen Symptomen zeigten, konnten – sofern die Behandlung glückte – im Rahmen einer psychoanalytischen Therapie geheilt oder gebessert werden. Dies geschah, wie Freud weiter ausführt, durch »die Aufdeckung der infantilen Sexualität und der Zurückführung der neurotischen Symptome auf erotische Triebkomponenten« (Freud 1969, S. 94). Das hieß nicht nur, daß die Kindheit, speziell die frühe Kindheit, einen entscheidenden, wenn auch nicht einzigen Einfluß auf das weitere Lebensschicksal habe, sondern darüber hinaus, daß das spätere Lebensschicksal keine unabänderlich in Kauf zu nehmende Tatsache sei. Es sei gelungen, aus »dauernd existenzunfähigen Kranken eine befriedigende Anzahl von solchen dauernd existenzfähig zu machen« (Freud 1969, S. 43).

Wie behandelte Freud ganz praktisch seine Patienten? Sein analytisches Vorgehen kann am besten mit der Grundregel umschrieben werden, die Freud seinen Patienten vor der Behandlung auferlegte: »Sagen Sie also alles, was Ihnen durch den Sinn geht. Benehmen Sie sich so, wie zum Beispiel ein Reisender, der am Fensterplatz des Eisenbahnwagens sitzt und dem im Inneren Untergebrachten beschreibt, wie sich vor seinen Blikken die Aussicht verändert. Endlich vergessen Sie nie, daß Sie volle Aufrichtigkeit versprochen haben, und gehen Sie nie über etwas hinweg, weil Ihnen dessen Mitteilung aus irgend einem Grunde unangenehm ist« (Freud 1943, S. 468).

Freud verpflichtete so die regelmäßig bei ihm weilenden Analysanden zur Aufrichtigkeit ihm gegenüber, indem diese alle Gedanken und Empfindungen aussprechen sollten. Damit ergab sich zugleich eine menschliche Beziehung zwischen Arzt und Patient. Nun passierte nach Freud im weiteren folgendes: »Jedesmal, wenn wir einen Nervösen psychoanalytisch behandeln, tritt bei ihm das befremdende Phänomen der sogenannten Übertragung auf, das heißt, er wendet dem Arzt ein Ausmaß von zärtlichen, oft genug mit Feindseligkeit vermengten Regungen zu, welches in keiner realen Beziehung begründet ist und nach allen Einzelheiten seines Auftretens von den alten und unbewußt gewordenen Phantasiewünschen des Kranken abgeleitet werden muß« (Freud 1943, S. 54). Zentral in dieser Arzt-Patient-Beziehung werden gefühlsmäßige Erscheinungen, die – von früheren Erlebnissen des Patienten ausgehend – wichtig geblieben sind und die er in einer scheinbar unangemessenen Form wieder in diese neue therapeutische Beziehung einbringt. Wie soll der Analytiker darauf reagieren? Hat der Patient Wesentliches vergessen oder Falsches dazugedichtet und schätzt er die jetzige Situation darum falsch ein? Freud meinte, daß es eine längst überwundene Auffassung sei, daß der Kranke an einer Unwissenheit leide, die, wenn sie aufgehoben sei, zur Gesundheit führe. »Nicht das Unwissen an sich ist das pathogene Moment, sondern die Begründung des Nichtwissens in inneren Widerständen, welche das Nichtwissen zuerst hervorgerufen haben und es jetzt noch unterhalten. In der Bekämpfung dieser Widerstände liegt die Aufgabe der Therapie« (Freud 1943, S. 123).

Mit diesen drei Zitaten kann das analytische Verfahren von Freud angedeutet werden. Es ist eine Begegnung von zwei Menschen, bei der Übertragungs- und Widerstandsphänomene im Rahmen der mit der freien Assoziation arbeitenden Therapie auftauchen.

Freud blieb jedoch nicht bei der Praxis stehen. Es ging ihm ebensosehr darum, eine Theorie zu entwickeln. Vor ihm waren nach seinen eigenen Worten die Neurologen in der Hochschätzung chemisch-physikalischer und pathologisch-anatomischer Tatsachen erzogen worden. Mit dem psychischen Moment wußten sie nichts anzufangen. Jetzt ergab sich allmählich eine Theorie »welche über die Entstehung, den Sinn und die Absicht der neurotischen Symptome zureichende Auskunft zu geben schien und eine rationelle Grundlage für die ärztlichen Bemühungen zur Aufhebung der Leiden lieferte . . .: Die Betonung des Trieblebens (Affektivität), der seelischen Dynamik, der durchgehenden Sinnhaftigkeit und Determinierung auch der anscheinend dunkelsten und willkürlichsten seelischen Phänomene, die Lehre vom psychischen Konflikt und von der pathogenen Natur der Verdrängung, die Auffassung der Krankheitssymptome als Ersatzbefriedigung, die Erkenntnis von der ätiologischen Bedeutung des Sexuallebens, insbesondere der Ansätze zur kindlichen Sexualität. In philosophischer Hinsicht mußte diese Theorie den Standpunkt übernehmen, daß das Seelische nicht mit dem Bewußtsein zusammenfalle« (Freud 1971, S. 209). Wenn nun Freud von einem Sinn eines Symptoms spricht, ist das etwas ganz Neues. Nicht nur das bloße Erklären von biologischen Tatsachen interessierte ihn, sondern jetzt vor allem das Verstehen einer Lebensgeschichte. Damit verließ Freud aber seinen angestammten naturwissenschaftlichen Denkbereich. Obwohl es Freuds Absicht war, das bisherige Denken zu erweitern, blieb er mit seinem philosophischen Hintergrund doch ein Kind seiner Zeit. Freud bediente sich weiterhin naturwissenschaftlicher Denkkategorien, um mittels »neuer, tiefgehender und verwickelter Annahmen« und der »Schöpfung neuer Begriffe hinter den unserer Wahrnehmung direkt gegebener Eigenschaften (Qualitäten) des Forschungsobjekts anderes aufzudecken, was von der besonderen Aufnahmefähigkeit unserer Sinnesorgane unabhängiger und dem vermuteten realen Sachverhalt besser angenähert ist« (Freud 1917, zit. nach Boss 1980, S. 20).

Freud wollte also die Sachverhalte so, wie sie sich zeigten, nicht nur beschreiben. Offenbar mißtraute er diesen, wollte sie von den subjektiven Verhüllungen befreien und dafür die objektiven Tatsachen feststellen. Er schuf zusätzlich seine Metapsychologie, eine Theorie, die seine Praxis erklären und fundieren sollte.

Eigentliche Wissenschaft konnte demnach nur Naturwissenschaft sein. Freud sagte dazu: »Ich habe es immer als grobe Ungerechtigkeit empfunden, daß man die Psychoanalyse nicht behandeln wollte wie jede andere Naturwissenschaft« (Freud 1971, S. 85).

Warum war die Naturwissenschaft zu Freuds Zeiten so bestimmend? Hinter dem üblichen Bemühen der naturwissenschaftlichen Theoriebildung steht wahrscheinlich das Bedürfnis, durch das Auffinden von Zusammenhängen den Phänomenen zugrundeliegende Gesetzmäßigkeiten zu finden. Dies würde einem wissenschaftlichen Anspruch auf verallgemeinerbare Aussagen ebenso wie der Vorhersagbarkeit Genüge tun.

Kernstück der von Freud herkommenden Betrachtungsweise ist die Annahme, hinter den konkreten Erscheinungen des Verhaltens stünden Ursachen, nämlich eben jene Triebkräfte, welche die psychischen Erscheinungen als ihre Folge bewirkten. Diese Sicht erlaubt eine Erklärung des Verhaltens aufgrund der nun aufgedeckten Ursachen. Einerseits könnten so gesunde psychische Phänomene erklärt werden, ebenso aber ihre krankhaften Manifestationen. Damit war die Absicht verbunden, mit einer Aufhebung der störenden Ursachen eine heilende Wirkung erzielen zu können. Diese Auffassung einer wissenschaftlichen Grundlage des Erklärens war natürlich nicht nur der Psychopathologie vorbehalten, sondern stellt zugleich eine Persönlichkeitstheorie dar. Zugleich zeigte sich, daß das grundlegende Fragen nach dem Verstehen eines Verhaltens, abgesehen von der Teilfrage »Wie ist es?«, gerade dann auf kausalen Vorstellungen beruht, wenn entsprechende »Warum«-Fragen »in die Tiefe zielen«. Man kann diese Betrachtungsweise dementsprechend eine kausal-genetische nennen. Sie beruht auf ähnlichen Voraussetzungen wie die kausal-ätiologische Fragestellung, d. h. auf der Meinung, daß irgendwelche in der Lebensgeschichte zurückliegende Ursachen eine spätere Erscheinung bewirken.

Ein zweiter Punkt, der mit der naturwissenschaftlichen Theoriebildung in Zusammenhang steht, ist die Frage der Objektivität. Von Theorien erwartet man möglichst objektive Aussagen über bestimmte Sachverhalte. Mit »nur subjektiven« Aussagen wäre diesem Wissenschaftsverständnis nicht gerecht zu werden. Dieses Bedürfnis nach Objektivität beruft sich auf eine Eigengesetzlichkeit des zu untersuchenden Sachverhalts, die das Subjekt, nämlich der Untersucher, erkennen kann. Mit anderen Worten: zwischen dem Untersucher und seinem »Gegenstand« besteht ein grundlegendes Subjekt-Objekt-Verhältnis. Das war nicht immer so.

Boss et al. (1977) führen aus, daß noch für das klassische Altertum des Westens das Wesen sämtlicher Phänomene der Welt in ihrem Zum-Vorschein-Kommen, in ihrem Sich-Zeigen und Sich-Entbergen bestanden. Die Dinge der Welt kamen von sich selbst aus einer Verborgenheit auf den Menschen zu. Die Wahrheit der Dinge bestand demzufolge in demjenigen, was sie bei ihrem Entbergen von sich sehen ließen. Der mittelalterliche Mensch hingegen verstand die Welt mit allem Existierenden als Geschöpflichkeit Gottes. Wahr blieb nur dasjenige, was die dogmatische Kirchenlehre im Glauben vermitteln konnte.

Zu Beginn der Neuzeit fanden die Menschen eine ganz andere Einstellung zu den Dingen dieser Welt. 1637 veröffentlichte Descartes sein Werk: *Discours de la méthode.* In diesen

Abhandlungen über die Methode des richtigen Vernunftgebrauchs blieb für Descartes die Existenz Gottes nicht nur unangetastet. Vielmehr hatte die Schrift die Aufgabe, Gottes Existenz zu beweisen. Trotzdem nahm Descartes für sich in Anspruch, das Erkennen der Wahrheit von sich aus begründen zu können. Im Kapitel über die Beweisgründe für das Dasein Gottes schrieb er, was später auch für die Psychologie von Bedeutung sein wird: »So wollte ich, weil unsere Sinne uns bisweilen täuschen, annehmen, daß kein Ding so wäre, wie die Sinne es uns vorstellen lassen, und weil sich manche Leute in ihren Urteilen selbst bei den einfachsten Materien der Geometrie täuschen und Fehlschlüsse machen, so verwarf ich, weil ich meinte, dem Irrtum so gut wie jeder unterworfen zu sein, alle Gründe als falsch, die ich vorher zu meinen Beweisen genommen hatte ... Alsbald aber machte ich die Beobachtung, daß, während ich so denken wollte, alles sei falsch, doch notwendig *ich,* der das dachte, irgend etwas sein müsse, und da ich bemerkte, daß diese Wahrheit »ich denke, also bin ich« so fest und sicher wäre, daß auch die überspanntesten Annahmen der Skeptiker sie nicht zu erschüttern vermöchten, so konnte ich sie meinem Dafürhalten nach als das erste Prinzip der Philosophie, die ich suchte, annehmen ... Ich erkannte daraus, daß ich eine Substanz sei, deren ganze Wesenheit oder Natur bloß im Denken bestehe und die zu ihrem Dasein weder eines Ortes bedürfe, noch von einem materiellen Ding abhänge, so daß dieses Ich, das heißt die Seele, wodurch ich bin, was ich bin, vom Körper völlig verschieden und selbst leichter zu erkennen ist als dieser und auch ohne Körper nicht aufhören werde, alles zu sein, was sie ist« (Descartes 1961, S. 31 ff.).

Mit dieser Neubesinnung, so weiter Boss et al., gewann das Suchen nach einer unbezweifelbaren Gewißheit, mit der sich menschliches Erkennen auf sich selbst stellen konnte, eine große Bedeutung. Wahrheit und Wirklichkeit wurde von nun an mit Gewißheit gleichgesetzt. Die einzige absolute Gewißheit erblickte nun Descartes im menschlichen Geist, in der »res cogitans«. Diese Gewißheit war zugleich auch allein wirklich, weil es ohne den denkenden menschlichen Geist kein Zweifeln an der Wahrheit geben konnte. Als dieses Gewisseste wurde nun die »res cogitans« zum maß-gebenden Seienden. »Die menschliche Seele rückte zum Range eines ausgezeichneten »Vorliegenden«, zum einzigen sub-iectum vor. Das Ich (ego) des »ego cogito« nahm den Charakter des Subjekts an. Alles übrige Seiende dagegen wurde für das perzipierende (vorstellende) Ich zum »Objekt«, das heißt: zu dem, was sich der Vorstellung des menschlichen Geistes entgegenwirft« (Boss et al. 1977, S. 41).

Die menschliche Subjektivität wurde so allen anderen Gegebenheiten als zugrundeliegend betrachtet. Dementsprechend vermochte der neuzeitliche Mensch von sich aus über die Art des Umgangs mit den Dingen dieser Welt zu bestimmen. Nicht umsonst konnte so Descartes allen versprechen, daß sie »maître et possesseur de la nature« werden könnten, wenn sie nur seinem Denken nachfolgten. Den zweiten Teil des berühmten Satzes vom »cogito ergo sum«, nämlich das »sum«, ließ Descartes, so meinen Boss et al., auffallend unbestimmt. Wie dieses »ich bin«, also das Sein, beschaffen sein muß, um überhaupt denken oder zweifeln zu können, stand nicht im Vordergrund. Gemäß seiner Sichtweise ging es Descartes mehr um die Wesensbestimmung der Naturdinge. Zwangsläufig galt von nun an nur noch das als wirklich, was exakt meßbar und berechenbar war. Die Zeitgenossen Galilei und Newton entdeckten Naturgesetze, mit deren Hilfe sich die »Objekte« exakt berechnen und mathematisch in den Griff zu bekommen waren. Diese mathematischen Sätze und Schlußfolgerungen hatten jetzt nämlich aufgrund der Nachprüfbarkeit und Vorausberechenbarkeit für Descartes eine ähnliche Evidenz und Gewißheit wie die Selbstgewißheit des menschlichen »ich denke«. Auf diese Weise wurde zugleich die Wahrheit und Wirklichkeit der Naturdinge sichergestellt. Neu diesem Vorgehen gegenüber war nun nicht das »empirische Vorgehen«. Vielmehr gründete seit Descartes die Empirie auf der Gewißheit mathematischer Sätze, deren Gültigkeit mit Experimenten verifizierbar und damit von anderen Untersuchern, die sich der gleichen Methode bedienten, nachprüfbar wurde. Die Wahrheit und Wirklichkeit der Naturdinge konnten so mit Descartes' Methode objektiviert werden. Die Objektivität dieser Naturdinge bedeutet nun aber deren Berechenbarkeit. Die Berechenbarkeit eines Naturdings wurde zum »eigentlich« Wirklichen.

Diese neue naturwissenschaftliche Betrachtungsweise basiert auf der vorwissenschaftlichen Annahme, daß die Natur und das ganze Naturgeschehen überhaupt nichts anderes sei als ein raumzeitlicher Bewegungszusammenhang von Massenpunkten. Dieser soll widerspruchsfrei berechenbar sein und durch kausale Ableitbarkeit sicher gestellt und manipulierbar sein (Boss et al. 1977).

Freud glaubte, daß dieselben Organisationsprinzipien, welche die leblose Naturwelt beschreiben, auch für den Bereich des menschlichen Geistes gelten. Charakteristisch für das Newtonsche Denken ist, daß Kräfte jeweils paarweise auftreten. Für jede aktive gibt es eine reaktive Kraft. Freud übernahm jetzt beispielsweise mit seinen »Kräften« Trieb und Widerstand dieses Prinzip. So wird bei ihm die Seele von Kräften bewegt, die nach der klassischen Mechanik geformt sind.

Was hat die Freudsche Theorie nun konkret mit der Naturwissenschaft zu tun? Rappaport (1973, S. 50) faßt die Struktur der Freudschen psychoanalytischen Theorie zusammen. Nach ihm gibt es 4 Grundpfeiler der Metapsychologie. Es sind dies der topische, der dynamische, der ökonomische und der genetische Aspekt. Nach dem topischen Aspekt sind die entscheidenden Determinanten des Verhaltens unbewußt. Man kann aus dem, »was vom Subjekt wahrgenommen wird, mit Hilfe der Auswirkungen des Nicht-Wahrgenommenen auf das Wahrgenommene, das Nicht-Wahrgenommene« erschließen.

Nach Capra (1983, S. 195) entspricht dies einem Grundsatz der Newtonschen Mechanik, wonach eine absolute Zeit und ein absoluter Raum quasi als Behälter da ist, in dem sich die materiellen Objekte bewegen und aufeinander einwirken. So wie bei Newton alle Objekte eine Ausdehnung und einen Ort besitzen, bestimmte Freud einen psychischen Raum, in dem die als eine Art Objekte lokalisierten Bereiche des Es, Ich und Über-Ich »ausgedehnt« sind.

Zweitens sagt der dynamische Aspekt der Metapsychologie, daß alles Verhalten letzten Endes triebbestimmt ist, insbesondere durch Libido und Destructo. Wie in der Mechanik wurden diese Kräfte nach ihren Wirkungen definiert, ohne daß nach der innersten Natur dieser Kräfte gesucht wurde. Es herrscht die Vorstellung, daß die Triebe nach Entladung streben und von Gegenkräften gehemmt werden. Dies setzt voraus, daß es voneinander getrennte psychische Strukturen gibt, die sich nicht bewegen können, ohne einander zu verdrängen. Ebenso beschreibt die Physik die verschiedenen Kräfte, die auf die materiellen Objekte einwirken und diese verschieben.

Drittens postuliert der ökonomische Aspekt der Metapsychologie, daß alles Verhalten seelische Energie abführt und durch seelische Energie reguliert wird. Danach hat alles Verhalten sowohl Primär- als auch Sekundärprozeßcharakter. Der Primärprozeß strebt nach sofortiger Entladung von Energieanhäufungen. Der Sekundärprozeß orientiert sich am Prinzip des geringsten Kraftaufwands. Dies entspricht nun der physikalischen Vorstellung von fundamentalen Gesetzen, welche die Bewegung und die wechselseitige Einwirkung der materiellen Objekte quantitativ beschreiben.

Der genetische Aspekt schließlich geht davon aus, daß alles Verhalten durchgehend seelisch determiniert ist. Dies entspricht der naturwissenschaftlichen Vorstellung eines starren Determinismus. Nach Newton war die Natur eine perfekte Maschine, wobei eine mathematische Ausformulierung der mechanischen Phänomene sogar Voraussagen erlaubten.

Rappaport meint, daß die grundlegenden Voraussetzungen der psychoanalytischen Metapsychologie verlangen, daß jeder seelische Vorgang dessen dynamische, topische und ökonomische Beschreibung enthalten muß.

Mit diesem kurzen Vergleich von fundamentalen Grundzügen der naturwissenschaftlichen Mechanik mit den Grundpfeilern der Metapsychologie soll angedeutet werden, daß Freud mit einer zeitbedingten Philosophie bzw. Epistemologie an seine neuen Entdeckungen herangegangen ist. Der entscheidende Punkt ist nun der, daß eigentlich zuvor die Frage gestellt werden müßte, ob dies auch angemessen ist. Es wäre dann angemessen, wenn der Mensch als Gegenstand der Untersuchung allen anderen Naturkörpern gleichzusetzen wäre. Freud hat herausgefunden, daß dies gerade nicht der Fall ist. Er spricht von Geschichte, von Sinn und Bedeutung. Dies hat nichts mit Naturwissenschaft zu tun. Naturwissenschaft erlaubt jenen Dingen, »wirklich« zu sein, die meßbar sind. Alles Nichtmeßbare, also psychische Phänomene, kann man dann entweder meßbar machen, sie auf ein Substrat zurückführen, was der lebenslange Traum von Freud war. Oder man läßt das Nichtmeßbare *auch* Wirklichkeit bleiben und stellt den Anspruch, daß sich Wissenschaftlichkeit nicht auf die Naturwissenschaft beschränkt. Letzteres wird zwar nicht von allen Leuten anerkannt, es scheint uns dennoch sachgerecht. Mit anderen Worten geht es darum, den Entdeckungen von Freud ein besseres Fundament zu liefern, als dies die Freudsche Metapsychologie versuchte. Ein solches Fundament müßte vor allem von der Frage ausgehen, was der Mensch im Gegensatz zu einem Naturkörper ist. Sogar diese Frage ist vielleicht problematisch, weil der Mensch bei einem solchen Fragen schon wieder als isoliertes – mit entsprechenden Eigenschaften ausgestattetes – Ding aufgefaßt wird. Auch modernere Autoren, die aus der Tradition des Freudschen Denkens kommen, haben Mühe mit diesen entscheidenden Fragen. Kohut (1979), der die klassische Freudsche Konfliktpsychologie durch die Psychologie des Selbst erweitert, schreibt am Schluß seines Buches (S. 298): »Meine Untersuchung umfaßt Hunderte von Seiten ..., doch sie schreibt dem Begriff Selbst nie eine starre Bedeutung zu, erklärt nie, wie die Essenz des Selbst definiert werden sollte. Doch ich gestehe diese Tatsache ohne Scheu und Reue ein.«

Diese offen gebliebene Frage nach der Essenz eines Selbst, eines Ich oder wie immer die psychologischen Begriffe heißen mögen, eignet sich als Übergang zu einem ganz anderen Denken, das nun an Stelle der kritisierten Metapsychologie einen Boden für eine menschengerechte Psychologie abgeben soll. Es ist das phänomenologische Denken. Allerdings bleibt dabei die Bedeutung Freud's Entdeckungen auf der empirischen Ebene ungeschmälert bestehen.

2 *Die Daseinsanalyse als Weiterentwicklung der Psychoanalyse*

Der folgende Überblick ist eine Zusammenfassung der daseinsanalytischen Literatur und berücksichtigt im Hinblick auf das Verständnis der Imaginationstherapie folgende Punkte:

a) die phänomenologische Methode (Heidegger 1972);
b) das daseinsanalytische Menschenbild (Boss 1971, 1976, 1980);
c) das therapeutische Verständnis der Daseinsanalyse (Boss 1974, 1975, 1979, 1982), (Condrau 1963, 1965, 1972, 1973, 1976, 1977):
   - die Modifikation der Übertragung,
   - die Modifikation des Agierens,
   - die daseinsanalytische Traumauslegung (Boss 1974, 1975),
   - das Verständnis der Psychosomatik (Boss 1977, 1978);
d) Zusammenfassung der daseinsanalytischen Philosophie.

Die Daseinsanalyse ist eine Weiterentwicklung der Psychoanalyse Freuds. Dabei ersetzt die Daseinsanalyse die metapsychologischen Gedanken der Psychoanalyse durch ein Menschenbild, das nicht unter dem naturwissenschaftlichen Leitbild steht. Die philosophischen Grundlagen dazu liefert die Daseinsanalytik Martin Heideggers. Die Praxis der Psychotherapie erfährt als Folge dieses neuen Verständnisses eine Modifikation. Dies betrifft die Auffassung der Übertragung und des Agierens. Vor allem aber entsteht dabei eine neue Traumdeutung und ein einleuchtendes Verständnis der Psychosomatik. Die Daseinsanalyse bedient sich der phänomenologischen Methode, um menschliches Dasein zu verstehen.

2.1 Die phänomenologische Methode

Heidegger sagt (1972, S. 27 ff.): »Der Titel »Phänomenologie« drückt eine Maxime aus, die also formuliert werden kann: zu den Sachen selbst: entgegen allen freischwebenden Konstruktionen, zufälligen Funden, entgegen der Übernahme von nur scheinbar ausgewiesenen Begriffen, entgegen den Scheinfragen, die sich oft Generationen hindurch als »Probleme« breit machen.« Der Ausdruck »Phänomenologie« hat zwei Bestandteile, nämlich »Phänomen« und »Logos«. Die Bedeutung von »Phänomen« bestimmt Heidegger als das Sich-an-ihm-selbst-Zeigende, das Offenbare. Die Phänomene sind die Gesamtheit dessen, was am Tage liegt oder ans Licht gebracht werden kann. Unter »Logos« versteht Heidegger das Offenbarmachen dessen, wovon »die Rede« ist. Der Logos läßt das sehen, worüber die Rede ist. Die Rede »läßt sehen« von dem selbst her, wovon die Rede ist. Phänomenologie meint daher das Sehenlassen von ihm selbst her, so wie es sich von ihm selbst her zeigt. Phänomenologie nennt nicht den Gegenstand ihrer Untersuchung, sondern gibt Aufschluß über das »Wie« der Aufweisung und der Behandlungsart. Die Gegenstände ihrer Erfassung und alles, was über sie zur Erörterung steht, soll in direkter Aufweisung abgehandelt werden.

Was ist es nun, was die Phänomenologie »sehen lassen« soll? Es ist das, was sich zunächst und zumeist gerade nicht zeigt. Es ist demgegenüber, was sich zunächst und zumeist zeigt, verborgen. Zugleich ist es aber etwas, das zu dem, was sich zunächst und zumeist zeigt, derart dazu gehört, daß es seinen Sinn und Grund ausmacht.

Hinter dem Phänomen der Phänomenologie steht wesenhaft nichts anderes, allerdings kann das, was Phänomen werden soll, verborgen sein. Um dies zu entdecken, bedarf es der Phänomenologie. Der Gegenbegriff zu »Phänomen« ist »Verdecktheit«.

Die Art der möglichen Verdecktheit der Phänomene ist verschieden. So kann ein Phänomen derart verdeckt sein, daß es überhaupt noch unentdeckt ist. Über seinen Bestand gibt es weder Kenntnis noch Unkenntnis. Ein Phänomen kann zuweilen verschüttet sein, das heißt, daß es zuvor einmal entdeckt war, aber wieder der Verdeckung verfiel. Möglich ist auch, daß zuvor Entdecktes noch sichtbar ist, allerdings nur als Schein. Diese Verdeckung als »Verstellung« ist die häufigste.

Der Gang der Analyse und der Zugang zu den Phänomenen und der Durchgang durch die Verdeckungen erfordern eine eigene methodische Sicherung. »In der Idee der »originären« und »intuitiven« Erfassung und Explikation der Phänomene liegt das Gegenteil der Naivität eines zufälligen unmittelbaren und unbedachten »Schauens«« (Heidegger 1972, S. 36). Der methodische Sinn der phänomenologischen Deskription ist Auslegung.

Damit sollen weder Abstraktionen, Vergegenständlichungen, theoretische Annahmen noch Umdeutungen um sich greifen. So wird kein subjektiver Standpunkt eingenommen, d. h. nicht vom Subjekt her der Umgang mit den Phänomenen bestimmt, noch werden diese gar nur auf Gnaden des Subjekts als solche bestehen gelassen. Ebensowenig bedeutet dies, die »Objektivität« der zu untersuchenden Sachverhalte als eine für sich bestehende Qualität zu bestimmen. Diese Auffassung würde eine Subjekt-Objekt-Spaltung bedeuten. Demgegenüber wird das phänomenologisch-daseinsanalytische Ansinnen bestimmt als das Zum-Vorschein-kommen-Lassen der verschiedensten Phänomene, die des Menschen Offenständigkeit als ihrer Erscheinungsstätte bedürfen, und die ihn mit ihrer Bedeutungsfülle und Verweisungszusammenhänge ansprechen.

Was ist das zuerst Schwerverständliche am daseinsanalytischen Vorgehen? Die eine Schwierigkeit besteht darin, daß wir gewöhnt sind, in kausalen Kategorien zu denken. Sehen wir uns mit einem Sachverhalt konfrontiert, vermuten wir schon Gründe oder Ursachen dahinter, die es in den Griff zu bekommen gelte, um mit dem sich uns zeigenden Sachverhalt überhaupt umgehen zu können. Wir sagen dann, weil dies so und so ist, darum ist jenes derart. Aus dem Blick kommt dabei leicht der Umstand, daß überhaupt etwas so ist, was sich uns in dessen vollem Bedeutungsgehalt und in unzähligen Verweisungszusammenhängen darzustellen vermag. Diese genaue Ausführung des Wie-seins, was auch die Frage nach genetischen Motivationszusammenhängen miteinschließt, erlaubt einen genauen, von theoretischen Suppositionen unverstellten Zugang zu den Phänomenen. Daß dabei »nichts herausgefunden« werde, läßt sich nicht länger ernsthaft denken. Vielmehr geht es darum, durch ein differenziertes Auslegen das Existieren in seiner Bedeutung und seinem Sinn immer transparenter zu machen.

Nun ist es so, daß unter einem Kausalzusammenhang nie etwas anderes als die bloße Registrierung immer gleichartig sich wiederholender und regelhaft nacheinander zum Vorschein kommender Gegebenheiten zu verstehen ist. Das Kausaldenken ist hinsichtlich des sachhaltigen Zusammenhangs der zeitlich nach einer Regel aufeinanderfolgenden Erscheinungen leer und hat keinen »inneren« Sinnzusammenhang.

Es ist unbestritten, daß zwischen einem gegenwärtigen Jetztzustand und dem, was vorausging, ein wesentlicher Zusammenhang besteht. Dazu unterscheidet Boss zwischen Ursache und Motiv und illustriert das anhand eines offenen Fensters (Boss 1971, S. 365):

Wenn ein plötzlich aufkommender Wind dieses zuschlägt, wird die Abfolge zweier Zustände festgestellt. Geschieht dies immer wieder, liegt die Behauptung nahe: weil der Wind aufkam, wurde das Fenster zugeschlagen. Das Zugeschlagenwerden eines Fensters wird nun als der Effekt einer Ursache interpretiert. Dies ist eine Erklärung gemäß dem Kausalitätsprinzip. Dabei ist nicht zu vergessen, daß das kausale »weil« von seinem Ursprung her eine bloße zeitliche Bestimmung meint und soviel wie »weil auch«, »anläßlich«, »während« bedeutet. Es geht um ein »Worauf« und nicht um ein »Woraus«. Kausalzusammenhänge sind nicht so nichtssagend hinsichtlich des sachhaltigen Zusammenhangs zwischen *nacheinander* auftretenden Vorgängen. Kausalzusammenhänge können somit nichts zu einem Verständnis beitragen, sie erklären allerdings ein »Wenn-dann«-Verhältnis. Wenn jedoch der Wohnungsinhaber das Fenster schloß, weil ihn der von draußen hereindringende Straßenlärm störte, handelt es sich um ein Motiv, nämlich den Wunsch, Ruhe zu bekommen. Die gewünschte Ruhe wird zum Beweggrund des Fensterschließens. Im Gegensatz zu einer Ursache lassen Beweggründe die Freiheit einer Entscheidung. Die Lärmwahrnehmung und die Ruheerwartung sind als Motive nicht zwingend für das entsprechende Handeln.

Wenn man sagt, der Lärm draußen gibt das Motiv zum Schließen des Fensters ab, so hat man bereits den Lärm als etwas Störendes vernommen, dies könnte kein Wind tun (vgl. Heidegger 1976, S. 7 ff.).

Diese Unterscheidung zwischen Ursache und Motiv findet ihre Entsprechung in der Unterscheidung zwischen einer kausalen Ätiologie und einer motivischen Ätiologie bzw. Genese eines bestimmten Verhaltens. Demgemäß will eine motivischgenetische Betrachtungsweise nicht wie die Kausalgenese das zu untersuchende Phänomen auf Ursachen zurückführen. Hier geht es dafür um das Aufsuchen der lebensgeschichtlichen Anlässe, die einen Menschen zu bestimmten Verhaltensweisen motivieren und an denen er aufgrund dessen auch in seiner Gegenwart festhält. Ätiologie und Genese werden übrigens beinahe als Synonyme verwendet. Entgegen der ursprünglichen Bedeutung des griechischen Aitia, was Anlaß, Veranlassung und Schuld meint, ist dieses zur Ursache geworden. Im Begriff der Genesis, d. h. Herkunft, wurde diese umgedeutet in eine kausalgenetische Verkettung von Verursachung und Wirkung. Im allgemeinen wird angenommen, daß mit entsprechenden »Warum?«-Fragen der Genese eines Verhaltens auf die Spur zu kommen ist. Bei der motivischen Ätiologie ist jedoch noch ein zweiter Punkt zu beachten. Vielfach herrscht die Meinung vor, mit dem Aufdecken der Genese sei das gegenwärtige Verhalten auch schon bestimmt. »Doch ist nicht nur das kausal-genetische Vorstellen in seine Schranken zu weisen«, führt Boss (1971, S. 437) weiter aus, »sondern auch die motivische Genese«. Alles genetische Erklären oder Verstehen bestehe nämlich nur aus einem Aufzählen und Beschreiben von Ursachen oder Motiven, die dem zu klärenden, jetzt vorliegenden Phänomen zeitlich vorausgingen. Keine Gegebenheit kann aber durch ein derartiges Vorgehen in dem, was sie jetzt ist, geklärt und begriffen werden.

Ein weiterer Punkt betrifft die Aufgabe des Subjekt-Objekt-Verständnisses. Gerade im »Operationalisieren« der Fragestellung, im Manipulieren mit Daten trete der subjektivistische (Boss sagt auch: possessive) Charakter von »objektivierenden« Untersuchungsmethoden hervor. Zwar ist es möglich, mit Hilfe dieses Vorgehens zu objektiven naturwissenschaftlichen Aussagen zu gelangen in dem Sinne, daß verschiedene Untersucher zu gleichen Ergebnissen kommen sollten. Die »Objektivität« der daseinsanalytischen Untersuchungsmethode erheischt dagegen wesentlich heiklere Anforderungen. »Objektiv« wäre hier zu denken als die Art und Weise, als was und wie sich eine Gegebenheit dem Untersucher von sich selbst her präsentiert. Er wird je nach seiner Offenständigkeit das Wesen einer Sache in deren Fülle sehen können, ebenso aber aufgrund einer Abblendung das zu untersuchende Phänomen darum verkennen, weil er ihm sein volles Anwesen, so wie es von sich selbst her den Anspruch stellt, nicht gewähren kann. Ob die Untersuchung somit »objektiv« ist, bestimmt nicht der Untersucher für sich. Eher ist es umgekehrt, daß sich die Objektivität vom zu untersuchenden Sachverhalt her bestimmt, und zwar derart, daß das zu untersuchende Phänomen den Untersucher als dessen Erscheinungsstätte zu gebrauchen vermag und sich dieser vom Sichzeigenden in Anspruch nehmen läßt. Sich in Anspruch nehmen lassen, würde aber auch heißen, diesem Anspruch entsprechend zu antworten.

Objektivität im naturwissenschaftlichen Sinne ist dort möglich, wo etwa experimentell eine zu prüfende Hypothese über einen bestimmten Sachverhalt durch verschiedene Untersucher immer wieder nachgeprüft werden kann. In daseinsanalytischer Sicht ist die Übernahme eines solchen Vorgehens nicht gerechtfertigt. Streng genommen ist es nämlich so, daß der zu untersuchende Sachverhalt, d. h. die verschiedensten menschlichen

Phänomene nicht nur durch die Untersuchung verändert werden, sondern aufgrund der menschlichen Zeitlichkeit und Geschichtlichkeit im nächsten Augenblick schon nicht mehr dieselben sind. Durch diese geschichtlichkeitsbedingte Veränderung ist ihr ganzes Wesen verändert. Eine Zweituntersuchung unter gleichen Bedingungen ist nicht mehr möglich. Hypothesen im naturwissenschaftlichen Sinn sind nach daseinsanalytischer Meinung für den Bereich menschlicher Phänomene darum nicht nötig, weil der Mensch »offenständiger Natur« ist. Er kann von sich aus Kunde geben, wie ihm ist. Das unmittelbare Vernehmenkönnen und Antwortgeben zeichnet menschliches Dasein aus. Damit ist zugleich der Zugang zu menschlichen Phänomenen aufgezeigt. Es ist das ständige Fragen nach dem Wie und dem Was einer Gegebenheit.

Diese Auffassungen decken sich nicht unbedingt mit dem gängigen Wissenschaftsverständnis. Schon Boss (1971, S. 375 ff.) und Condrau (1965) haben sich kritisch mit den angeblichen Mängeln der daseinsanalytischen Untersuchungsmethode auseinandergesetzt. Genannt wird etwa die Begriffsfeindlichkeit. Zwar ist es nicht so, daß die daseinsanalytische Betrachtungsweise ohne Begrifflichkeit auskommt. Doch könnte es sein, meint Boss (1971, S. 381), daß es Erscheinungen gibt, »die jedem operationalbegrifflichen Begreifen« widerstreben. Man kann ihrer nur unmittelbar gewahr werden. Alle Begriffsbildung nämlich geht von einem so Gewahrgewordenen aus und beruht auf ihm. Die »kritische« Behauptung, jede Art von wissenschaftlichem Bewußtsein bringe stets die Notwendigkeit begrifflicher Abstraktion mit sich, ohne die man in einem Dunkel wenn nicht verloren, so doch richtungslos bleiben müsse, entbehrt deshalb jeder Fundierung. Im Gewahr- und Hinnehmen der vernommenen Phänomene weist sich das Vernommene selber aus und bedarf keines Beweises. Es bedarf »nur« des Hinweisens auf das Vernehmbare. Aber dieses »nur« und dieser Verzicht auf ein Argumentieren sind für den heutigen Menschen der Wissenschaftswelt das Schwerste und nur nach langer Einübung zu leisten (Boss 1971, S. 389).

Daseinsanalyse kann verstanden werden als eine Art und Weise, wie Phänomene menschlichen Daseins methodisch verstanden werden können. Primär ist die Daseinsanalyse hinsichtlich ihres »Gegenstandes« unbestimmt. Kennzeichnend ist das Fragen nach dem Wie und Was einer Gegebenheit. Diese Gegebenheiten bleiben damit allerdings, was sie sind. Vergegenständlichungen, Abstraktionen, Symbole oder Deutungen, sofern sie psychologistische Umdeutungen oder rein abstrakt Ausgedachtes sind, werden nicht nur überflüssig, sondern sind dem Wirklichkeitsverständnis der Daseinsanalyse entgegengesetzt (vgl. Heidegger 1954, S. 48 ff.). Dies wird aufgegeben zugunsten der Frage, wie sich ein Sachverhalt von ihm selbst her als diese oder jene Bedeutung mit den ihr zugehörenden Verweisungszusammenhängen zeigt. Dies bedeutet die Aufgabe des Subjektivismus. Der Sinn der daseinsanalytischen Auslegung liegt im Verstehen. Damit ist aber Daseinsanalyse nicht nur Methode, sondern deren Anwendung zeitigt Ergebnisse. Die Ergebnisse sind die Beschreibung des Wie- und Was-Sein dessen, was untersucht wird. Damit ist die Art und Weise des Vorgehens abgegrenzt, nicht aber dessen anthropologische Implikationen. Wie sieht nun das daseinsanalytische Menschenbild aus?

2.2 Das daseinsanalytische Menschenbild

2.2.1 Die Räumlichkeit und Zeitlichkeit menschlichen Daseins

Etwas vom Grundlegendsten unserer Existenz ist, daß wir jederzeit irgendwo »da« sind. Mit dem »jederzeit« und »irgendwo« ist angesprochen, daß es Zeitlichkeit und Räumlichkeit gibt. Wie verhält es sich damit im menschlichen Leben?

Diese Kategorien sind besser zu verstehen, wenn von einem leblosen Ding ausgegangen wird. Ein Naturkörper nimmt entsprechend seiner meßbaren Ausdehnung und seinem berechenbaren Volumen einen bestimmten Raumausschnitt ein.

Die Zwischenräume, Abstände oder Distanzen können dabei gemessen werden. Diese naturwissenschaftliche Raumvorstellung ermöglicht ihre geometrische und mathematische Ingriffnahme.

Zwar kann nun des Menschen Körper auf gleiche Art festgelegt werden. Er unterscheidet sich dann aber nicht von einem Leichnam. Für das menschliche Existieren ist »Räumlichkeit« offenbar anders zu sehen. Ist ein Reisender zum Beispiel vorübergehend in einem Aufenthaltsraum im Bahnhof, bestimmt sich seine Räumlichkeit derart, daß er etwa die Bilder an der Wand wahrzunehmen weiß. So ist die Räumlichkeit des Menschen durch etwas Offenes gekennzeichnet. Dieses Offene ist so geartet, daß die anwesenden Dinge oder andere Menschen den Betreffenden mit ihren Bedeutsamkeiten anzusprechen vermögen. Gefallen ihm die Wandbilder, kann er dem Maler einräumen, ein guter Künstler zu sein. Man kann sagen, daß sich der Reisende in eine bestimmte Beziehung zu dem sich im Zeigenden »einräumt«. Ist es ein besonders schönes Bild, kann dies dem Reisenden sogar viel näher gehen, als dies sein Stuhl ist, auf dem er sitzt. Diese Räumlichkeit ist nun keine geometrische mehr, sondern bestimmt sich von der Art und Weise des Angesprochenwerdens durch das Sichzeigende. Sie ist die ursprüngliche Räumlichkeit des Menschen, das Sicheinräumen in die Beziehungen zur Welt.

Wenn unser Reisender im Wartesaal ständig auf die Uhr schaute, um den Zug nicht zu verpassen, hätte er wohl gesehen, wie der Sekundenzeiger die laufenden »Jetztpunkte« abschritt. Nicht ohne Grund hätte er vermuten können, Zeit sei an sich eine Abfolge von lauter »Jetztpunkten« auf einer Art Linie bzw. Kreis. Wohl bald wäre es ihm aber so ergangen, daß ihm das ständige Starren auf die Uhr, und sei es nur für 5 Minuten, als eine halbe Ewigkeit vorgekommen wäre. Hätte er aber diese 5 Minuten sich mit einem Mitwartenden in ein interessantes Gespräch vertiefen können, wäre es ebenso denkbar, daß diese 5 Minuten wie im Flug hätten vergehen können. Beide Male hätte er Zeit für Verschiedenes gebraucht und sein Aufenthalt wäre ihm anders vorgekommen. Das Zeithaben ist somit immer ein Zeithaben für etwas und zeigt an, wie ein Mensch existiert im Vollzug dieser oder jener Beziehung zu dem ihm Begegnenden. Im Vollzug dieser Verhaltensmöglichkeiten zeitigt sich menschliches Dasein, indem es sich austrägt und entfaltet.

Zugleich hätte der Reisende sagen können, daß er zwar gegenwärtig im Wartesaal sei, vorher aber zu Hause die Koffer gepackt habe und nachher im Zug fahren werde. Das vorherige Kofferpacken als Vorbereitung auf die Reise und das zukünftige Fahrenwollen im Zug bestimmen unmittelbar sein gegenwärtiges Warten. Der Reisende zeitigt seinen Aufenthalt derart – und das gilt nun allgemein –, daß er immer gleich ursprünglich, wenn auch nicht gleichmäßig solches gibt, was auf ihn zukommt, was gegenwärtig ist und was schon war. Diese dreifältige Weise oder diese 3 Dimensionen ist das Haben von Zeit für das und das. Zugleich »trägt« dieser Bezug zur Zeit, die wir jeweils haben, unseren Aufenthalt auf der Welt. Die verfügbare und verfügte Zeit für etwas bildet sich ständig im Gewärtigen des Zukünftigen, im Behalten des Vergangenen und Gegenwärtigen des Jetzt. Damit ist die Zeitlichkeit des Menschen kein vorgegebenes Etwas, sondern sie zeitigt sich fortwährend im Austrag der menschlichen Existenz.

Zwar ist es so, daß die genannten 3 Dimensionen nicht immer gleichmäßig zum Austrag kommen. Bald ist die eine, bald die andere Dimension maßgebend; die beiden anderen Dimensionen verschwinden in so einem Falle aber nicht, sie sind nur verdeckt.

2.2.2 Das Mitsein (Miteinandersein)

Einem Verständnis des wesensmäßigen Miteinanderseins der Menschen in ihrer gemeinsamen Welt kann man sich laut Boss von der Möglichkeit hernähern, daß man einsam ist. Einsam kann nur derjenige sein, dessen Wesen sein ursprüngliches Mitsein mit den anderen auszeichnet. Einsamkeit verweist so aus sich heraus auf ein Miteinandersein und ist als Privationserscheinung im Vollzug seines primären Mitseins mit den anderen zu verstehen. Dieser ursprüngliche Wesenszug des Mitseins trägt sich aus im gemeinsamen Ausstehen und Bewahren der Offenheit unserer Welt. Das Mitsein vollzieht sich in den gemeinsamen vernehmenden und antwortenden Verhaltensweisen der Menschen zu dem sich ihnen Zeigenden. Damit halten sich die Menschen immer schon miteinander bei denselben Dingen ihrer gemeinsamen Welt auf. Der Vollzug dieses gemeinsam mit den Mitmenschen auszustehenden Weltaufenthalts ist für jeden einzelnen aber eigen und einzigartig. Seine Möglichkeiten sind bestimmt durch die Fülle und Art der Verhaltensweisen, die das Dasein konstituieren. Dieses wesensmäßige Miteinandersein trägt nicht nur den allen gemeinsamen Umgang mit den Dingen unserer Welt, er liegt auch den mitmenschlichen Beziehungsarten zugrunde. So ist Mitsein der Weltoffenheitsbereich eines gemeinsam ausgestandenen Vernehmen- und Beantwortenkönnens der Menschen gegenüber den in diesen Bereich hinein »entborgenen« Gegebenheiten in ihrer ganzen Mannigfaltigkeit.

2.2.3 Das Gestimmtsein

Menschliches Existieren ist wesensmäßig und von vornherein schon immer so oder anders gestimmt. Diese wesensmäßige Gestimmtheit ist der Grund für die Möglichkeit, daß menschliches Dasein ständig von dieser oder jener konkreten feststellbaren Stimmung getragen wird. So gibt es keinen primär stimmungslosen Menschen, in dem zeitweise – durch innere oder äußere Ursachen ausgelöst – eine Stimmung aufkommen würde. Vielmehr sind dem Menschen alle Stimmungen als Möglichkeiten schon von Anfang an mitgegeben und konstituieren sein Dasein mit. Ist ein Mensch in eine bestimmte Stimmung geraten, wurde er von einer zuvor herrschenden Stimmungslage in eine andere umgestimmt. Zum Wesenszug des Gestimmtseins gehören u. a. das Glücklichsein, das Traurigsein, die Langeweile, die Angst ebenso wie die Gleichgültigkeit, aber auch die Leidenschaften und Affekte.

Die vorwaltende Stimmung ist derjenige Zustand, in dem wir zu den Dingen, zu uns selbst und zu den Mitmenschen stehen. Die Stimmung hat damit stets den Charakter des Sicheröffnens oder -verschließens gegenüber den Gegebenheiten der Welt. Die jeweilige Stimmung, in der wir zu einem gegebenen Zeitpunkt existieren, macht zugleich die Weite oder Enge, Helligkeit oder Verdunkelung unseres Existierens aus.

2.2.4 Das Leibsein

Der menschliche Leib verführt schnell zu der Auffassung, daß er ähnlich wie ein Naturkörper etwas für sich Abgeschlossenes und an einer bestimmten Stelle vorhanden sei. Zwar kann er als solcher aufgefaßt werden, das leibhafte menschliche Existieren wird damit aber nicht erfaßt. Eher ist das Leibliche auch schon von der besonderen Eigenart des Menschseins. Wie zeigt sich das? Wenn der menschliche Körper im Sinne der Naturwissenschaft aufgefaßt wird, hört dieser an der Oberfläche der ihn umgebenden Haut auf. Er fände dort seine Grenzen, und darüber hinaus gäbe es nichts von ihm. Als Menschen hingegen befinden wir uns immer in irgendeiner Beziehung zu etwas jenseits unserer Haut. So sind die Leibgrenzen gegenüber den Körpergrenzen zwar nicht quantitativ, aber doch qualitativ verschieden. Auch ändern sich die Körpergrenzen im allgemeinen nicht stark, außer z. B. im Wachstum oder bei einer radikalen Änderung der Eßgewohnheiten. In der Beziehung, in der wir zu einer Gegebenheit jenseits unserer Haut stehen, sind wir aber *auch* als Menschen *mit einem Leib.* Wir stehen leibhaftig in dieser Beziehung, oder anders ausgedrückt, wir leiben diese Beziehung. Das Wort »leiben« kennen wir beispielsweise noch von dem Ausdruck »wie er leibt und lebt«. Damit ist auch gesagt, daß es im Grunde genommen nicht einmal eine für sich bestehende Leiblichkeit gibt; menschliches Existieren ist vielmehr das Leiben derjenigen Verhaltensweisen, die uns gerade bestimmen und in einem bestimmten Augenblick unser Wesen ausmachen. Ist ein Mensch bis zu einem gewissen Grad offen für das ihn Ansprechende, ist er dies auch als leibliches Wesen. Man kann sagen, daß er seine Weltoffenheit leibt. Die Grenzen des Leibseins decken sich daher mit den Grenzen der Weltoffenheit. Sie verändern sich folglich ständig, ebenso wie sich das Verhältnis eines Menschen zur Welt ständig weitet oder verengt. Die Grenzen des Körpers hingegen, es wurde schon gesagt, bleiben relativ konstant. So ist etwa eine bestimmte Stellung der Hand nicht als isolierbares Ding zu verstehen, sondern das Leiben der Weltbezüge des Individuums. Das gesamte Leibsein ist damit das Leiben unseres Existierens, d. h. das Leiben derjenigen Weltbezüge, in die wir eingebunden sind.

Der zweite Punkt, indem sich das Leibsein des Menschen von der Körperhaftigkeit der leblosen Dinge unterscheidet, betrifft die Frage, wo der Mensch zu einem bestimmten Zeitpunkt ist. Zwar mag er an einer bestimmten Stelle stehen, aber er ist zugleich auf das ihm Begegnende bezogen. Sein Aufenthalt bestimmt sich durch das Bezogensein, ist demzufolge durch die Gegebenheiten außerhalb des eingenommenen Platzes bestimmt. Das »Hier« bestimmt sich vom »Dort« der sich dem Menschen zeigenden Begebenheiten. Damit ist das leibhaftige Sichaufhalten oder das Leiben des Weltaufenthalts von grundsätzlich anderer Art als das bloße Vorhandensein eines naturwissenschaftlich vorgestellten Körpers an einer bestimmten Stelle des Raumes. Es zeigt sich aber auch, daß das Leiben immer das Existieren voraussetzt. Umgekehrt kann man sagen, daß das menschliche Existieren leibt.

2.2.5 Das Offenständigsein als Ermöglichungsgrad der bestimmten Grundzüge

Im Vorangehenden wurden einige Wesenszüge des menschlichen Existierens aufgezählt, nämlich das Räumlichsein, das Zeitlichsein, das Mitsein, das Gestimmtsein und das Leibsein. Um dem Mißverständnis vorzubeugen, es handle sich um eine schubladenartige Abfolge, muß die Gleichursprünglichkeit dieser Wesenszüge betont werden. In jedem menschlichen Phänomen sind von Anfang an alle diese Wesenszüge versammelt. Nur mag es vorkommen, daß *einer* der gleichursprünglichen Grundcharaktere in bestimmten Situationen besonders auffällig ist. Gleichursprünglich sind diese Wesenszüge darum, weil sie eine Einheit bilden. Als diese Einheit ist die Offenheit menschlichen Daseins zu bestimmen. Menschliches Dasein zeigt sich als ein Ek-sistieren, ein Ausstehen der gelichteten Weltoffenheit. Doch was heißt gelichtet? Die Gelichtetheit ist zu denken als das Offene, Freie, so etwa wie sich dem Wanderer eine Waldlichtung eröffnet, wenn die Bäume geschlagen und weggeräumt werden. Allerdings ist diese Gelichtetheit nicht mit einem geometrischen Raum oder mit einem physikalischen Licht zu verwechseln. Die Räumlichkeit des Menschen ist durch Offenes, Freies oder Gelichtetes derart gekennzeichnet, daß dadurch die anwesenden Gegebenheiten den Menschen mit ihren Bedeutsamkeiten und Verweisungen anzusprechen vermögen. Eine bloße Ähre etwa spricht den Beschauer als Ackerfrucht an, verweist aber auch auf den sie tragenden Boden, auf den licht- und regenspendenden Himmel ebenso, wie auf den erntenden Bauer oder den Bäcker, der die Frucht zu Mehl verarbeitet. Die Möglichkeit, daß es so etwas wie Räumlichkeit einer Welt gibt, gründet darin, daß in allem zuvor schon Offenheit waltet. Nun verhält sich der existierende Mensch seinerseits zu diesem Raumhaften der Welt insofern, als seine Existenz in sich selbst räumlich ist, und zwar derart, daß der Grundcharakter seines Daseins ebenfalls ein Offensein ist im Sinne eines Vernehmenkönnens. Auch im Ausstehen der

3 zeitlichen Dimensionen vollzieht sich das Sicheinräumen des Menschen in die Bezüge zu den sich ihm zeigenden Gegebenheiten seiner Welt. Indem der Mensch die Beziehungen zu den in sein Offenständigsein hinein zum Vorschein kommenden Gegebenheiten »austrägt«, zeitigt er sein Existieren. Die Offenständigkeit bietet den Grund für die Möglichkeit, daß dem Existieren des Menschen »Zeit-Raum« aufgeschlossen ist. Der so geartete »Zeit-Raum« ist jenes vorräumlich und vorzeitlich Offene, das überhaupt die einzelnen räumlichen und zeitlichen Phänomene ermöglicht. Das Offenständigsein zeigt sich darin, daß menschliches Existieren im ganzen Bereich des ihn ansprechenden Anwesenden aufgeht. Menschliches Dasein durchspannt in Gestalt des Sicheinräumens und Zeitigens, des Mitseins, des Gestimmtseins und des Leibseins das Offene seiner Welt. Es steht diese Weltoffenheit aus und wahrt sie als solche.

Als Offenständigsein ist menschliches Existieren ansprechbar und kann sich dem Ansprechenden gegenüber so oder anders verhalten. Der Mensch hat sich damit in die Bezüge zu dem ihm Offenbarten und Zugänglichen eingeräumt und zwar so, wie ihn dieses angeht. In die Nähe räumt er sich zu solchem ein, das ihn »zunächst« angeht, in die Ferne zu dem, was ihn wenig angeht. Diese ursprüngliche Nähe und Ferne bestimmt sich für den Menschen durch die besondere Art und Weise des Angegangenwerdens oder des Nichtangegangenwerdens von dem her, was sich ihm von seinem Offenständigkeitsbereich her zu zeigen vermag.

Würde der Mensch nicht als ein Offenständigsein existieren und wäre er nicht als ein solcher in Anspruch genommen, so sagt Boss, könnte überhaupt nichts sein. Um zu einem Sein zu kommen, bedarf jegliches Seiende notwendigerweise eines Worin, in das hinein alles Seiende zur Existenz gelangen kann. Das Erscheinende bzw. alle Phänomene vermögen sich darum in der Offenständigkeit, als welche menschliches Dasein existiert, zu zeigen.

Der tragende Grundcharakter menschlicher Existenz gibt sich als ein offenständiges Vernehmenkönnen von solchem zu erkennen, das in diesen gelichteten Offenständigkeitsbereich hinein zu seinem Anwesen und Sein gelangen soll. Als dieser Offenständigkeitsbereich ist der Mensch angehalten, dem sich ihm Zeigenden entsprechend zu verhalten. Ein solches Sicheinlassen auf das Begegnende erlaubt diesem, sich als das, was es ist, zu seiner vollen Anwesenheit zu entfalten. Der jeweilige Anspruch an einen Menschen bewegt oder motiviert ihn, dem sich Zeigenden so oder anders zu entsprechen und gemäß dessen Bedeutsamkeit zu antworten. Ein solches Offensein für das mögliche Angesprochenwerden von den Bedeutsamkeiten des Begegnenden liegt jedoch außerhalb der Dimension kausaler Verursachung.

Die beschriebenen Grundcharaktere machen die Natur jedes psychologisch beschreibbaren, d. h. empirischen Faktums aus. Sie sind das Wesen dieser Fakten. Das Verhältnis dieser Wesenszüge zu den einzelnen empirisch feststellbaren psychologischen Fakten ist derart, daß diese Grundzüge die Möglichkeit bieten, die einzelnen Phänomene daseinsgerecht in ihrer Bedeutung zu erfassen.

Das Sicheinräumen, Zeitigen, das Mitsein, Gestimmtsein und Leibsein zusammen sind die Grundzüge, die, neben anderen (hier aufgrund der speziellen Thematik nicht näher behandelten weiteren) Grundzügen das ausmachen, was Heidegger das In-der-Welt-sein genannt hat. Welt meint hier also nicht die Summe all dessen, was es gibt und was neben einem Subjekt auch noch vorkommt, sondern meint den Offenständigkeitsbereich des Daseins. Als Kernpunkt des daseinsanalytischen Menschenverständnisses könnte vielleicht der Satz Heideggers (1949, S. 19) betrachtet werden, wonach der Mensch Hirte des Seins ist. Danach ist dieser »so, daß er dergestalt existierend die Wahrheit des Seins hüte, damit im Lichte des Seins das Seiende, das es ist, erscheine«. Daseinsanalyse wäre demnach höchstens eine Theorie im alten Sinne des Wortes, nämlich ebenso »ein hütendes Schauen der Wahrheit« wie eine »nachstellende Bearbeitung der Wirklichkeit« (Heidegger 1954, S. 52). Gleichzeitig ist damit die therapeutische Grundhaltung schon vorweggenommen.

2.3 Das therapeutische Verständnis der Daseinsanalyse

Die grundlegende therapeutische Haltung in daseinsanalytischer Sicht ist durch das Wesen des Menschen, durch seine Offenständigkeit bestimmt. Gesundes Existieren bedeutet, sich frei entsprechend seinen Möglichkeiten zu den Gegebenheiten seiner Welt zu verhalten. Umgekehrt wird der Mensch krank, wenn er den faktischen Vollzug seiner je einmaligen Existenz abwehrt. Dies kann in Form von neurotischen Störungen, psychosomatischen Beschwerden bis hin zu organischen Läsionen auftreten. Diese Behauptung der Daseinsanalyse wiegt recht schwer und beinhaltet die große Bedeutung, die der Verantwortung für das eigene Existieren zugemessen wird. In der Psychotherapie haben sich die Kranken einem freien Verhalten gegenüber den Gegebenheiten ihrer Welt zu öffnen. Psychotherapie als Verfahren meint die Heilung oder Besserung der Psyche. Das, was gemeinhin als das »Psychische« betitelt oder womöglich noch von einem »Somatischen« abgegrenzt wird, versucht die Daseinsanalyse zuerst einmal anders zu fassen. So kann jeder feststellen, daß in einer Behandlung nie eine »Psyche« therapiert wird, sondern es stehen sich 2 Menschen gegenüber. Der ursprüngliche Psychebegriff ist somit eigentlich im Begriff Psychotherapie falsch am Platz, hat sich aber im allgemeinen Sprachgebrauch fest eingebürgert. Schließlich ist es auch etwas anderes, ob ein Beinbruch genagelt wird oder ein psychotherapeutisches Gespräch stattfindet. Doch bleibt die Meinung, daß bei jeder Art menschlichen Krankseins bestimmte Verhaltensmöglichkeiten der freien Verfügung eines Menschen entzogen werden. Selbst beim Beinbruch leidet der Betreffende nicht nur am Bruch des Knochens. Er kann nicht mehr umhergehen, kann seine Bekannten nicht mehr besuchen. Es wird ihm vielleicht langweilig, nur immer im Bett liegen zu müssen, seine fröhliche Stimmung, die er während der Skiabfahrt hatte, ist dahin. Der Beinbruch ist unvermittelt auch etwas »Psychisches« geworden. Allerdings sind die »psychischen« Beeinträchtigungen nicht als bloße sekundäre Folgen des Knochenbruches zu sehen. Im Augenblick des Unfalls sind alle Grundzüge des Existierens, nicht nur die Leiblichkeit, gleichursprünglich betroffen worden. Umgekehrt ist auch schon manche »psychische« Störung mit massiven Körperstörungen einhergegangen. Boss (1971, S. 524) meint deshalb, »daß die verschiedenen Weisen menschlichen Krankseins immer nur durch die jeweilige Art von Beeinträchtigungen zu charakterisieren sind, die dem freien Vollzug dieser Existentialien entgegenstehen«. Dieser Sachverhalt werde wenig davon berührt, ob ein pathologischer Freiheitsbezug durch anlagehafte Mängel oder durch vor- oder nachgeburtlich erworbene Schädigungen bedingt ist. Der Unterschied gegenüber chirurgischen oder internistischen Therapien besteht darin, daß diese hauptsächlich an einer bestimmten Art gestörten Leibens von Verhaltensmöglichkeiten der Kranken angreifen. Der Psychotherapeut hingegen geht die Beeinträchtigungen in den Bereichen des bedachten oder unbedachten Sehens, des Vergegenwärtigens, Erinnerns, Wünschens und des gefühlsmäßigen Sicheinlassens an. In der Therapie hat sich der Therapeut zu vergegenwärtigen, wofür das Dasein des Patienten in Anspruch genommen ist. Dementsprechend behandelt er ihn mit dem Ziel, daß er zur freien Verfügung über die derzeit eingeschränkten Möglichkeiten gelangen kann.

Kernstück der daseinsanalytischen Therapie ist die Freudsche Grundregel, all das zur Sprache zu bringen, was dem Patienten einfällt. Ein solches Sicheinlassen hinsichtlich der mitmenschlichen und eigenen Möglichkeiten unterwandert das bisherige Festhalten am eingeschränkten Lebensstil, sei es aus Angst, verletzter Eitelkeit oder aus Gründen einer Pseudomoral. Neurotisierend wirkt sich das Überhören oder die Mißachtung dessen aus, was sich dem Dasein aus seinem Vernehmens- und Entsprechensbereich anbietet. Aufgrund der phänomenologischen Haltung und dem daseinsanalytischen Menschenverständnis werden die erscheinenden Phänomene als das, was sie sind, ernst genommen. Der Therapeut wird nicht hinter den unmittelbar sich zeigenden Verhaltensweisen Kräfte erdenken und diese für wirklicher halten als das, was er vom Analysanden faktisch vernimmt. Ebensowenig wird einer Theorie zuliebe einer Art von Verhaltensweisen, wie der triebhaften, der Vorrang vor anderen zugesprochen. Der Mensch ist so in Anspruch genommen, sein In-der-Welt-Sein lichtend und offen auszutragen. Er soll sich die ihm einwohnenden Möglichkeiten als seiner Existenz zugehörig aneignen. Sein Wesen hat sich erst dann erfüllt, wenn er alle Erschließungsmöglichkeiten seiner Existenz ausgetragen hat. Zugleich erschließt sich damit dem Menschen die Sinnhaftigkeit seines Daseins. Der Therapeut kann so auf jegliches theoretische Psychologisieren verzichten.

Das Therapieziel besteht darin, dem Patienten zu helfen, die ihm von seinem Gewissen zugesprochenen eigensten Lebensmöglichkeiten wissentlich zu übernehmen, zu ihnen zu stehen und sie sich als die seinen anzueignen. Das Wozu des menschlichen Existierens besteht mit anderen Worten in der Möglichkeit, sich als jenen offenen Erscheinungsbereich für das, was zu sein hat, in Anspruch nehmen zu lassen und dem sich Offenbarenden behilflich zu sein, zu seiner Entfaltung zu kommen.

Ein Unterschied zwischen der psychoanalytischen und der daseinsanalytischen Zielsetzung kommt im Problem der menschlichen Schuld zum Ausdruck. Die psychoanalytische Theorie ist der Auffassung, es gäbe kein echtes Schuldigsein des Menschen. Es gäbe nur subjektive Schuldgefühle, die dem Kind von seinen Erziehern eingeprägt worden seien. Die Daseinsanalyse sieht aber in der Schuld ein menschliches Existential. In jedem Augenblick schuldet der Mensch seinem Dasein die Austragung aller auf ihn zukommenden Aufgaben. Zudem kann er sich im Moment nur in eine Möglichkeit einlassen und bleibt so den Austrag aller anderen Möglichkeiten schuldig. Die

Schuld wird abgetragen, wenn sich der Mensch allen Phänomenen als ihr lichtender Erscheinungsbereich und als ihr Hüter zur Verfügung stellt.

Ebenso wie die Schuld in der Psychotherapie eine Rolle spielt, ist die Angst ein besonderes Phänomen. Die Tatsache, daß verschiedene Menschen die gleichen Bedrohlichkeiten verschieden erleben, weist darauf hin, daß die Befindlichkeit der springende Punkt ist. Niemals wird die Reaktion nur durch eine Angst*situation* oder ein Furcht*objekt* bestimmt. Das Wovor der Angst ist das In-der-Welt-Sein als solches.

2.3.1 Die Modifikation der Übertragung

Das daseinsanalytische Verständnis bleibt nicht nur auf das Menschenbild oder auf die Kritik der psychoanalytischen Metapsychologie beschränkt, sondern hat ihre Auswirkungen auf die therapeutische Praxis. Davon sind 3 Punkte betroffen, nämlich die Handhabung der Übertragung und des Agierens, besonders aber die Traumdeutung.

Das Wesentliche beim therapeutischen Prozeß ist die Beziehung von Patient und Therapeut. Diese Beziehung unterscheidet sich von einer normalen Alltagsbeziehung ganz beträchtlich, weil dort ja beide Partner in einem gegenseitigen Alltagsverhältnis stehen. Die therapeutische Beziehung ermöglicht es, daß sich der Analysand nicht immer schon auf den Analytiker ausrichtet. Wegen dieser nun fehlenden »alltäglichen« Intervention kann sich auch das Nichtalltägliche beim Patienten besser entfalten. Dieser trägt seine ganze Geschichtlichkeit in der jetzigen Beziehung zum Therapeuten in einer reineren Form aus, als er sie in den Alltagsbeziehungen austrägt. Dies ist deshalb so, weil im Alltag durch Normen, Konventionen, äußere Umstände vieler Art die ureigensten Wünsche, Befürchtungen, Ängste, Bedürfnisse oder Hoffnungen nicht immer voll erlebt werden, es sei denn, der Analysand hat in seiner Lebensgeschichte bereits eine optimale Offenheit gefunden.

Da sich seinerzeit Freud nicht vorstellen konnte, daß die gefühlsmäßigen Regungen der Patienten aus der aktuellen Situation stammen, nannte er dieses Phänomen Übertragung. Danach sollen die aufkeimenden Gefühle den Vorstellungsbildern der Eltern des Patienten gehören und auf den Analytiker übertragen werden. Dies sei notwendig, um das Erinnern der mit den Eltern verbundenen schmerzlichen und peinlichen Erlebnisse der Kindheit zu vermeiden. Entscheidend ist nun, daß Freud dem Arzt empfahl, er solle dem Kranken gegenüber die Täuschung und die falsche Verknüpfung seiner übertragenen Verhaltensweisen betonen und deren wahre Zugehörigkeit zu den Elternbildern aufzeigen.

In der Tat kann das mitmenschliche Verhalten eines Patienten gegenüber dem Therapeuten aufgrund der Schwierigkeiten in der Kindheit bis in die Gegenwart unreif und verborgen bleiben. Diese kindlichen Beziehungsformen beweisen aber nach daseinsanalytischer Auffassung nicht, daß ein Mensch wegen einer solchen Beziehungsart nicht eigentlich den jetzt begegnenden Mitmenschen meint, sondern im Grunde seine Eltern. Es läßt sich nur sagen, daß dieses Existieren bis in die Gegenwart »in den nämlichen, wenigen, eingeengten Weisen des Vernehmen-könnens von erwachsenen Mitmenschen und in einem entsprechenden antwortenden Benehmen ihnen gegenüber festgehalten wurde, in die hinein sich zu öffnen ihm die seinerzeitige pathogene »Pädagogik« der Erzieherpersonen gerade noch erlaubt hatten« (Boss 1971, S. 548). Da die Menschen immer so oder anders gestimmt sind, wird der Analytiker auch entsprechend dieser Stimmung abgeblendet gesehen und verkannt. Gefühle werden aber nicht von den Eltern auf den Therapeuten übertragen. Im Gegenteil wird gerade nichts bewegt, sondern starr die jetzige Situation gleich wie frühere Situationen erlebt. Gefühle sind nicht Qualitäten eines Objekts, die es von ihnen auch losgelöst gibt und die darum von einem auf den andern übertragen werden. »Gefühl« ist die Stimmung des Daseins, das ein Mensch – entsprechend dieser Stimmung – so oder anders erfährt. Die Daseinsanalyse sieht also im Verhältnis Therapeut–Patient eine echte Beziehung, allerdings von einer besonderen Qualität, und weiß um jene besonderen Phänomene, die als Übertragung bezeichnet werden. Inzwischen ist diese Auffassung aber auch von psychoanalytischen Autoren übernommen worden. Mentzos (1984, S. 269) findet es falsch, »wenn der Therapeut die Einstellung hat und – noch schlimmer – diese auch dem Patienten indirekt vermittelt, daß diese intensiven Gefühle nur Übertragungsgefühle seien! Dieses diminuitive »nur« ist grundfalsch! Die Gefühle, um die es hier geht, sind authentische, echte Gefühle, die so zu erleben der Patient womöglich früher nie die Möglichkeit hatte und die erst unter den spezifischen Bedingungen der Therapie entstehen und erlebt werden können. Man soll also die Übertragungsphänomene nicht nur als Wiederholungen dessen, was früher gewesen ist, begreifen, sondern auch als erst jetzt möglich werdende Erlebnisweisen, die seinerzeit nur als Potentialitäten . . . präexistent waren.«

Mit der daseinsanalytischen Meinung wird also nicht gesagt, daß die Lebensgeschichte keine große Rolle spielt. Im Gegenteil wird diese besonders ernst genommen, indem der Analytiker sie nicht zu einem »eigentlich meint dies . . .« entwertet. Allerdings ist keine lebensgeschichtliche Erfahrung im strengen Sinn eine Ursache einer neurotischen Störung. Erfahrungen können bloß die Anlässe zu einem Nichtzulassen von diesem oder jenem führen. Auch in der Daseinsanalyse ist das Erinnern aller lebensgeschichtlichen Ereignisse wichtig. Dies nicht darum, weil mit dem Aufheben der kindlichen Amnesie die neurotische Störung behoben wäre. Aber alles früher Gewesene einer Lebensgeschichte wirkt in allem Gegenwärtigen mit.

2.3.2 Die Modifikation des Agierens

Ebenso wie bei der Übertragung ist aus daseinsanalytischer Sicht das Problem des Agierens neu zu überdenken. Nach Freud agierte ein Patient dann, wenn die neu zum Vorschein kommenden Verhaltensweisen dem Therapeuten gegenüber nicht nur gedanklich und mit Worten artikuliert werden, sondern sich auch im Handeln oder körpersprachlich zeigen. Anstatt daß der Patient sich an etwas erinnert, wiederholt er es unbewußt. Ein Daseinsanalytiker kann laut Boss in solchem Agieren lediglich Teilphänomene sehen, die genauso unmittelbar den neu aufkeimenden Beziehungsmöglichkeiten zugehören wie das entsprechende »psychische Material«. Deshalb darf er das Agieren nicht bloß für ein unwissentliches, nur handelndes Wiederholen verdrängter frühkindlicher Liebesregungen einer elterlichen Figur gegenüber oder für einen Widerstand gegen deren Bewußtwerdung halten. Er wird sich hüten, das Agieren so rasch wie möglich in ein Erinnern überführen zu wollen. Das Agieren wird er im Gegenteil als ein echtes und ursprüngliches Teilphänomen der erst jetzt zum wissentlichen Selbstsein des Analysanden zugelassenen neuen Verhaltensmöglichkeiten in größtmöglichem Umfang gewähren lassen. Das Agieren ist kein Verdrängenwollen, sondern es wird damit erstmals etwas an Selbstentfaltung gewagt. Schon deshalb kann dies gar keine Erinnerung oder Wiederholung sein. Wenn dieses Agieren in der Arzt-Patienten-Beziehung in positiver Weise geduldet wird, wird sich des Analysanden Selbstsein durch dieses hindurch ohne weiteres Zutun zu immer reiferen mitmenschlichen Beziehungsformen differenzieren.

Natürlich kann das Agieren auch als Widerstand mißbraucht werden. Hat ein Patient jene agierten Beziehungsweisen schon lange Zeit gewagt, sie dann aber nicht in seine mitmenschlichen Beziehungen auch außerhalb der analytischen Situation eingebaut, wird die Entwicklung hintertrieben. Bei ernsthaft kranken Menschen bestehen deren Beziehungsmöglichkeiten nicht vorwiegend im gedanklich-sprachlichen Bereich der Erwachsenen. Sehr oft kann hier eine heilsame mitmenschliche Beziehung nur in einer lautlosen Gebärdensprache oder in einem gewährenden Schweigen und bloßem Dasein ans Licht kommen und dadurch weiterwachsen. Darum stört der Analytiker eine echte Heilung, wenn er darauf drängt, der Kranke solle sein

»Agieren« so bald wie möglich in seiner expliziten Bedeutung verstehen. Der Patient bedarf deshalb auch nicht so sehr einer rationalen, verstandesmäßigen Erklärung seines Agierens von seiten des Arztes, sondern der Erfahrung, seine bisher nicht zugelassenen Verhaltensmöglichkeiten ausprobieren zu können.

2.3.3 Die daseinsanalytische Traumauslegung

Die Traumdeutung ist ein wesentlicher Bestandteil der Psychoanalyse. Freud verglich den Traum mit Hieroglyphen, die es zu entziffern gelte, damit ein sinnvolles Gebilde entstehe. Wahrscheinlich ist dieses Vorhaben damit zu erklären, daß es Träume gibt, die scheinbar unverständlich sind. Daneben gibt es aber auch Träume, die banal und ganz alltäglich wirken. Beide Arten von Träumen verführen zu einer Deutung dann, wenn vorausgesetzt wird, daß diese Existenzformen nicht eigentlich wirklich seien und im Grunde genommen etwas anderes meinen. Man redet dann von Symbolen.

Nach Hartmann (1972a) ist das Wort »Symbol« ungemein vieldeutig. Überall dort, wo die Darstellung eines Gegenstandes durch einen anderen geschieht, der ihm ähnlich oder verwandt ist oder auch beides gleichzeitig, wird der Ausdruck »Symbol« gebraucht. Das analytische Symbol ist gekennzeichnet durch Bildhaftigkeit und Prägnanz, es stellt verdrängte seelische Vorgänge dar, ist stellvertretend Ersatzausdruck für etwas Verborgenes, mit dem es sinnverwandte Merkmale gemeinsam hat oder durch innere Zusammenhänge assoziativ verbunden ist. Zwischen Symbol und Symbolisiertem besteht häufig ein offenkundig sinnhafter Zusammenhang. Aber dieser Zusammenhang muß demjenigen, in dessen Erleben das symbolische Gebilde auftritt, nicht als Bedeutungszusammenhang gegeben sein.

Der letzte Sinn der Symbolbeziehung ist nach Freud ein genetischer: Was heute symbolisch verbunden ist, war wahrscheinlich in Urzeiten durch begriffliche und sprachliche Identität vereinigt. Die Symbolbeziehung scheint ein Rest und Merkzeichen einstiger Identität.

Gebser (1966, S. 243) weist darauf hin, daß sich das Wort Symbol von dem griechischen Verb »symballo« ableitet, das zusammenballen, zusammenfügen, vereinigen bedeutet. Das Symbol als eine Zusammenballung zweier sich ergänzender Begebnisse ist immer zweiwertig. In jedem Symbol schlummern stets zwei grundlegende Möglichkeiten, die rational gesehen einander entgegengesetzt sind und die nur psychisch gesehen ein Ergänztes bilden.

Boss hat sich ausführlich mit der traditionellen Traumdeutung auseinandergesetzt. Er weist nach, daß die Freudsche Traumdeutung ebenso wie die übrige Metapsychologie ein konstruiertes Gedankengebäude ist, das auf einer speziellen Wirklichkeits- und Kausalitätsauffassung beruht. Insbesondere ist eine solche Traumdeutung nicht denkbar ohne die Annahme eines Unbewußten. Das Unbewußte mußte Freud schon deshalb erfinden, um einen Ort zu haben, wo Lücken in einer kausal verstandenen Ereignisabfolge geschlossen werden können. Die üblichen Beweise für das Unbewußte und dessen Fähigkeiten sind auf diesem Hintergrund zu sehen. Schon rein sprachlich ist aber ein Gegensatz zwischen Bewußtsein und Unbewußtem problematisch. Dazu schreibt Gebser (1966, S. 224) dazu: »Die heutige psychologische Terminologie, die als Gegensatz zum Bewußtsein ein »Unbewußtes« postuliert, macht sich damit einer Verfälschung urgegebener psycho-somatischer Tatbestände schuldig. Es gibt kein sogenanntes Unbewußtes. Es gibt nur verschiedene Arten des Bewußtseins.« Gebser unterscheidet dafür ein magisches Bewußtsein, das eindimensional ist, ein mythisches, das zweidimensional ist, ein mentales, das dreidimensional ist und das zum Teil noch immer heutiges Denken beherrscht. Es wird ein integrales Bewußtsein geben, das vierdimensional ist und ganzheitlich. »Dieses kommende vierdimensionale Bewußtsein ist das am Menschen sich darstellende . . . ursprüngliche nulldimensionale Bewußtsein per se. Redet man nicht mehr vom

Unbewußten, wird damit auch das dualistische Denkklischee überwunden und die psychisch differenzierten Strukturen der verschiedenen Bewußtseinsgrade werden aus dem simplifizierenden Gegensatz Unbewußt – Bewußt herausgelöst.« Eine Überwindung des dualistischen Denkens ist nach Gebser im Bemühen von Jung zu erkennen. Es zeigt sich nämlich der Begriff des Selbst, daß dies »eine dem bewußten Ich übergeordnete Größe ist und neben dem bewußten auch den unbewußten Psycheteil umfaßt, die wir auch sind.«

In phänomenologischer Sicht ist das Unbewußte eine viel zu kurz geratene Abstraktion jenes Geheimnisses, das die Daseinsanalyse die Verborgenheit nennt. Wenn so das Unbewußte mit seinen magischen Fähigkeiten von der Daseinsanalyse nicht gesehen werden kann, so bleibt dennoch die Tatsache, daß dem Menschen Sachverhalte »unbewußt« bleiben können. In diesem Sinne spielt dieses Phänomen sogar eine besondere Rolle. Der Mensch ist bezogen unter anderem auch auf ihm »Unbewußtes« und er muß diesem einen Bereich von Offenständigkeit abringen.

Wie sieht nun das daseinsanalytische Traumverständnis aus?

Es gibt mindestens zwei Weisen des In-der-Welt-Seins, beide sind nicht gleich, aber gleich ursprünglich, nämlich das Wachen und das Träumen. Ebenso wie die Phänomene der Wachwelt phänomenologisch verstanden werden können, gilt dies für die Phänomene der Traumwelt. So bemüht sich eine daseinsanalytische Traumdeutung darum, logische Schlußfolgerungen zu vermeiden und ganz bei dem faktisch Vorliegenden zu verweilen, um von diesem her Bedeutsamkeiten und Verweisungszusammenhänge zu erfassen. Boss fragt deshalb, warum wir eigentlich z. B. einen Hund, der unsere Traumwelt belebt, nicht auch genauso wie im Wachen einen Hund sein lassen dürfen. Wo bleibt dann aber die Traumdeutung, wenn der Hund nur ein Hund ist? Ein Hund ob wachend oder träumend wahrgenommen, versammelt in sich eine ganze Fülle an Bedeutsamkeiten, im Traum nicht weniger als im Wachen. Als Tier zeigt der Hund ein instinktives Gebunden- und Verhaftetsein. Gleichzeitig ist er ein besonders hochgradig domestiziertes Tier. Zugleich gibt es die verschiedensten Unterarten von Hunden, mit unverwechselbarem Charakter. Die Beine und seine Bewegungen verweisen auf die Erde, die ihn trägt, sein Name verweist auf seinen Herrn, der ihn so ruft. All dies macht das Wesen des Hundes aus. Woher sollte nun ein Traumhund noch eine zusätzliche symbolische Bedeutung hernehmen? Unterschiebt ihm diese der Träumer, so würde das heißen, daß der Träumer den Hund in seinem Sinne erschafft. Von dem ist aber nie etwas zu sehen. Wie dem wachen Menschen, begegnet auch dem Träumenden ein Hund je von seinem Ort des Offenen einer Welt her als Hund. Die Tatsache, daß von einem Hund geträumt wird, läßt allerdings erkennen, daß den Träumer die Existenz von Hunden (das »Hundsein«) etwas angeht. Zugleich zeigt sich aber, wie der Träumer auf das »Wahrgenommene« reagiert und sich zu seinem Traumhund verhält. Er kann sich an ihm freuen oder vor ihm flüchten.

So läßt sich bei jedem Traum bedenken, wofür das Sein eines Träumenden offen ist. Zugleich erweist sich damit, was der Träumer *nicht* in seine Welt hineinlassen kann. Zweitens zeigt sich die Art und Weise, wie sich der Träumer zum Geträumten verhält, in welcher Stimmung er für die Traumgebundenheit offen ist. Damit ist dann das träumende Existieren umschrieben. Diese Traumdeutung, die nur ein Auslegen des träumenden In-der-Welt-seins ist, bedeutet aber noch nicht die therapeutische Anwendung des Traums. Dies sind zwei verschiedene Dinge. Aufgrund dieses Verständnisses erfahren wir am Beispiel des Hundes, daß das Hundewesen den Träumer von außerhalb seiner selbst her angeht. Er vernimmt träumend gerade *nicht,* daß das tierhafte, unfreie Bezogensein auf das Begegnende, das Triebhafte, das die Natur des Tieres ausmacht, auch eine Bezugsmöglichkeit des eigenen Existierens ist. Damit wird auch nicht behauptet, der Hund bedeute als Traumhund im Grunde genommen gar nicht einen eigentlichen Hund, sondern sei zum Beispiel die eigene symbolische Darstellung der eigenen hündischen Wesensseiten des Träumers. Viel entscheidender ist aber ein weiterer Punkt. Es gibt Therapeuten, die behaupten, es laufe sowieso auf dasselbe heraus, ob man auf der Subjektstufe denke oder ob man phänomenologisch vorgehe. In der Tat erlaubt nämlich der zweite Schritt der daseinsanalytischen Traumdeutung, nämlich die therapeutische Anwendung dieses Verständnisses, eine Frage an den Träumer. Der nun Wiedererwachte kann gefragt werden, ob er jetzt im Wachen auch etwas spüre von einem hundeähnlichen Verfallensein an das Begegnende. Solches Fragen überrennt nun nicht (im Gegensatz zu den Symboldeutungen) gleichsam die Abwehr oder Ferne, die darin zum Vorschein kommt, daß sich dem Träumenden die Möglichkeit bestimmter Verhaltensweisen von einer Traumgegebenheit her zu bieten vermag, die nicht seinem eigenen Existieren zugehört. Diese phänomenologische Bescheidung auf das faktisch Erfahrbare macht die Annahme eines Unbewußten mit eigenständigen Mechanismen überflüssig. Aus dieser Sicht wird das träumende Existierenkönnen nicht zu einem Traumding vergegenständlicht. Ebensowenig ist es nötig, die Traumerfahrung in einem weiteren Schritt zu personifizieren und zu einem Minimenschen im Träumenden zu mystifizieren, der z. B. mit eigenem Wollen gegen den Träumer vorzugehen vermöchte.

Mit anderen Worten: es wird nicht gedeutet, sondern das träumende In-der-Welt-Sein ausgelegt. Was ist die Bedeutung dessen, was im Traum erscheint? Die Wirklichkeit der Traumdinge wird dabei nicht angetastet. Ein Hund bleibt ein Hund. Dies ist unmittelbar evident und muß deshalb auch nicht bewiesen werden. Die Frage bleibt nur, in welcher Form der Hund »da ist«. Spricht man nämlich vom Traum, ist man schon erwacht, und das Geträumte, der Hund etwa, ist im Modus des Sichvergegenwärtigens da. Wenn der Hund aber während des Traumes wirklich sinnenhaft da war und den Träumer z. B. in die Wade gebissen hat, warum sieht man dann beim Erwachten nicht die Wunde? All diese Fragen tangieren den Sachverhalt nicht, daß so oder so ein Hund erschienen ist. Sie zeigen aber an, daß ein Traum- und ein Wachhund nicht gleich sind, wenn sie auch zusammengehören – zum selben »Phänomen Hund« mit seiner ganzen Bedeutungsfülle.

Die daseinsanalytische Traumfassung geht also nicht davon aus, daß im Traum etwas symbolisch dargestellt ist. Das, worauf der Traum in seiner Bedeutung und seinen Verweisungen hinzeigt, kann aber auch umgekehrt manches von dem enthalten, was in der üblichen Auffassung mit Symbol gemeint ist. Der Vorteil der phänomenologischen Auffassung ist, daß sie einfacher und präziser erscheint. Willkürliche Deutungen sind damit weniger möglich.

2.3.4 Das Verständnis der Psychosomatik

Wie ist das Leibliche menschlichen Daseins zu verstehen? In herkömmlicher Sicht ist es schwierig zu verstehen, wie der Körper, wenn er als eine komplizierte Maschine oder als ein Organismus aufgefaßt wird, mit dem Seelischen in Verbindung steht. Es ist dann schon ein Fortschritt, wenn akzeptiert wird, daß das eine mit dem anderen etwas zu tun hat. Für die Psychosomatik sind zwei Erkenntnisse wichtig. Das Wesen des Menschen ist erstens offenständiger Natur und zweitens von einer bestimmten Stimmung getragen. Das heißt, daß der Mensch nicht naturwissenschaftlich aufzufassendes Subjekt ist, dem die Welt als Objekt gegenübersteht. Gleichzeitig heißt es auch, daß der Mensch nicht eine Seele hat und zusätzlich noch einen Körper besitzt. Vielmehr ist menschliches Dasein in dem Sinn von Grund auf leiblich, daß der Mensch seine Bezüge zur Welt auch leibt. Das Leiben gründet im Existieren, somit ist das Dasein leiblich und existenzmäßig gleichzeitig auf die Welt bezogen. Damit werden die Erklärungen überflüssig, wonach ein seelischer Inhalt bei einer psychosomatischen Störung in eine körperliche Manifestation konvertiert. Auch das Reden von einer Gleichzeitigkeitsrelation ist in diesem Verständnis unsachgemäß, weil dabei immer noch von einer Seele-Körper-Trennung ausgegangen wird. Vielmehr geht es immer um einen leiblichen Vollzug dessen, worauf die Existenz bezogen ist. Wesentlich wird dieses Existieren durch die Befindlichkeit, durch die Stimmung geprägt. Bei psychosomatischen Störungen ist es deshalb sinnvoll, nicht primär nach psychischen Einflüssen oder Traumata zu suchen, sondern nach dem stimmungsmäßigen Urgrund. Von der Außenwelt kommende Ereignisse vermögen nämlich nicht, eine emotionale Erschütterung herbeizuführen, wenn nicht schon eine dementsprechende stimmungsmäßige Bereitschaft dazu da ist. Ebenso sind die einzelnen Organe der Leiblichkeit keine für sich bestehenden und abgeschlossenen Organe. Die Wahrnehmungsorgane z. B. bewirken nicht von sich aus die Wahrnehmung. Die anatomische und physiologische »Existenz« der Ohren als Sinneswerkzeuge bewirkt nie ein Hören. Vernehmen einer Gegebenheit läßt sich nämlich weder anatomisch feststellen, noch physiologisch nachweisen. Wir hören nämlich nicht einfach durch die Betätigung der leiblichen Gehörwerkzeuge. Zum eigentlichen Hören gehört gerade, daß sich der Mensch »verhören« kann. *Wir* hören und nicht das Ohr. Ein solches Leibverständnis bedeutet, daß es sich bei einer Konversionshysterie und Organneurose nicht um ein Kausalitätsverhältnis zwischen einer Psyche und einem Körper handelt. Eine hysterische Störung ist nicht symbolischer Ausdruck irgendwelcher psychischer Faktoren, sondern als Leiben eines Weltbezugs gleich autochthon wie ein psychisches Phänomen. Das organneurotische Leiden ist ebensowenig ein sinnloser physiologischer Mechanismus wie ein gehaltloses vegetatives Begleitsymptom. Der Wesensgehalt der organneurotischen Symptome und der hysterischen Phänomene besteht in einer nicht daseinsgemäß vollzogenen Existenzmöglichkeit.

Wodurch bestimmt sich die Organwahl bei einer psychosomatischen Krankheit? Zunächst ist darauf hinzuweisen, daß die Bezeichnung Organwahl irreführend ist, und zwar in zweifacher Hinsicht. Zum einen läßt ein solcher Organbegriff die Vorstellung aufkommen, daß der menschliche Leib eine Summe von Körperteilen, von mehr oder weniger zusammenhängenden

Organobjekten ist. Das ist nicht sachgerecht. Zum zweiten heißt Wahl, daß diese einer mehr oder weniger bewußten Instanz zugedacht wird, die quasi über der Person steht. Sie würde den einen oder anderen Körperteil herausgreifen, der dann gestört wäre. In Wirklichkeit ist es ein bestimmter Weltbezug, der auch die Art des Leibens im ganzen bestimmt. Es ist jener Weltbezug, in dem die Existenz eines Menschen gerade aufgeht. Stets walten jene Leibbezirke vor, die das entsprechende Existieren leiblicherweise selbst sind. Bleibt ein Lebensbezug in seinem Austrag stecken, kann eine Störung entstehen. Wann entwickelt sich eine organneurotische und wann eine hysterische Neuroseform? Diese Entscheidung hängt nicht ab von der Verschiedenartigkeit gestörter Lebensbezüge. Vielmehr hängt dies ab vom Ausmaß der Abdrängung irgendeiner Lebensmöglichkeit. Im Gegensatz dazu bestimmt sich der leibliche Bereich, indem sich innerhalb des hysterischen oder des organneurotischen Bereichs Störungen zeigen, von der besonderen Art des Lebensbezugs her, der in der Entfaltung gehindert ist. Gerade weil wesensmäßig jeder Lebensbezug immer auch ein bestimmter Leibbereich leiblichweise selbst *ist*, wird gerade dieser bei einem hysterischen oder organneurotischen Überlastetsein sich als gestört erweisen. Eine Spezifität neurotischer Organwahl gibt es nicht dergestalt, daß es eine gesetzmäßige Zuordnung einzelner psychischer Dinge zu einzelnen Organen gibt. Dies entspräche einem vergegenständlichten und zerstükkelten Leibverständnis. Eine Spezifität gibt es aber in solchem Sinne, daß nur solche leiblichen Bereiche Störungen zeigen, wodurch ein krankhafter Weltbezug diese Störung leibt. Mit der Leiblichkeit ist es aber so, daß beispielsweise Herz wie Hand die leiblichen Teilphänomene sowohl des Weltbezugs einerseits des Liebens wie andererseits des Hassens sind. Deshalb pflegen Herz und Hand auch in gleich betonter Weise in einem auf Liebe wie auch auf Haß gestimmten Weltverhältnis leiblicherweise mitzuschwingen. Streicheln und Schlagen kann dabei die Hand, das Herz kann vor Freude wild schlagen oder in Schmerzen gebrochen werden.

2.4 Zusammenfassung der daseinsanalytischen Philosophie

Die bisherigen Ausführungen haben gezeigt, daß es darum geht, menschliches Verhalten genauer zu *verstehen.* Zum Verstehen eignet sich ein phänomenologisch orientiertes Fragen nach der Bedeutung und dem Sinn eines menschlichen Phänomens. Was und wie zeigt sich mir etwas? Dieses Fragen bleibt allerdings nicht oberflächlich auf einen Jetztzustand beschränkt. Ebenso als phänomenologisch kann die Frage bezeichnet werden: Was motivierte mich, früher dieses oder jenes Verhalten gezeigt zu haben? Was motiviert mich aber, auch jetzt oder später an einem bestimmten Verhalten festzuhalten? Als phänomenologisch kann diese »Warum«-Frage darum bezeichnet werden, weil sie direkt nach dem Motiv oder dem Sinn fragt und nicht dahinterliegende angenommene ursächlich wirkende Kräfte meint.

In einem ersten Schritt wurde also die phänomenologische Methode der daseinsanalytischen Betrachtungsweise bestimmt als das zum Vorscheinkommenlassen dessen, was sich vom Phänomen her selbst zeigt. Entgegen allen theoretischen Annahmen und bloß Ausgedachtem soll jedes menschliche Phänomen in seiner Bedeutung und mit seinen Verweisungszusammenhängen »nur« ausgelegt werden. So ist Gewähr geboten, daß nicht vorgefaßte, empirisch aber nicht ausgewiesene Überlegungen den Zugang zu einem Phänomen versprechen. Umgekehrt sollen die Phänomene selbst – von sich aus – Kunde geben. Man kann deshalb auch sagen, daß die phänomenologische Methode eine Weise des Sehens ist, die die Natur der Menschen untersuchen will. Diese Natur soll aus dem Menschen heraus bestimmt werden und nicht etwa durch Analogien aus der leblosen Sachwelt. Dies ist ein anderes Vorgehen als das naturwissenschaftlich orientierte Bemühen, Sachverhalte durch strenge Ableitbarkeit vorausgesetzter Hypothesen zu erklären oder umgekehrt, bzw. aufgrund von Einzelbefunden eine allgemeingültige Theorie zu entwickeln, die ihrerseits verschiedene Erscheinungen aufgrund von dahinterliegenden Mechanismen oder Kräften erklären will. Wenn nicht *erklärt* werden soll, was ist, heißt dies aber kaum, daß es nichts zu *verstehen* gäbe. Zu verstehen sind die menschlichen Motive und Verhaltensweisen. Die Methode, wie dies zu erreichen ist, ist allerdings abgestimmt auf das, worum es geht, nämlich die Natur des Menschen.

Zum anderen Punkt, der in der Daseinsanalyse eine große Rolle spielt, nämlich zur Wirklichkeitsauffassung, wurde gesagt, daß das Wirkliche all das umfaßt, was in der Unverborgenheit des menschlichen Offenständigkeitsbereiches das Dasein als dessen Erscheinungsstätte zu gebrauchen vermag. Gibt es eine Unverborgenheit, ist dies erst denkbar als Abhebung zu einem Bereich von Verborgenheit. Diese Verborgenheit ist aber etwas, worüber sich nichts sagen läßt. Zwar hat Freud versucht, es in gegenständlicher Weise zu einem Unbewußten, Jung zu einem kollektiven Unbewußten zu konkretisieren. Beide konnten sogar die Prozesse, die im Unbewußten ablaufen, indirekt erschließen, womit aber die ursprüngliche Eigenschaft, eben »unbewußt«, zugleich wieder aufgehoben wurde. Demgegenüber bleibt die Daseinsanalyse bescheidener und läßt die Verborgenheit ein Geheimnis sein.

Zur Unverborgenheit menschlicher Offenständigkeit gehören zweifelsohne meßbare Qualitäten; dies wurde aber vielfach zum alleinigen Kriterium der Wirklichkeit. Aber, so wurde gesagt, die nicht meßbaren und so auch nicht objektivierbaren Qualitäten gehören *auch* zur Wirklichkeit jedes menschlichen Phänomens. Sie dürfen deshalb zugunsten der Berechenbarkeit nicht vernachlässigt werden. Im Gegenteil ist es so, daß eine in diesem Sinne objektivierende Betrachtungsweise die Dinge subjektiv umgestaltet und reduziert. Die Präzision der Erfassung wird nicht erhöht, sondern vermindert. Dies gilt auch dann, wenn versucht wird, mit Zahlen und komplizierten Formeln die Leute zu beeindrucken. Die Berechenbarkeit für Wissenschaftler wurde offenbar darum so attraktiv, weil damit die »Objektivität« der Dinge gewährleistet schien. Für die leblosen Naturdinge ist die Berechenbarkeit ein Charakteristikum. Keinesfalls jedoch ist damit die Natur abschließend beschrieben. Sogar die typischen Vertreter der Naturwissenschaft, die Physiker nämlich, wissen zu berichten, daß es ihnen unmöglich ist, einzelne Phänomene der Kernphysik zu objektivieren. Sie merken, daß Untersucher und Phänomen sich beeinflussen. Das eine gibt es nicht losgelöst vom anderen. Auch dies ist ein Hinweis für die Unmöglichkeit etwaiger Versuche, in der Psychologie die Physik des letzten Jahrhunderts zu imitieren. Dieses Verständnis bot sich höchstens darum an, auf den Menschen übertragen zu werden, weil der menschliche Leib auch als ein Naturkörper aufgefaßt werden kann. Allerdings wurde gezeigt, daß damit das spezifisch Menschliche, nämlich die Offenständigkeit, nicht gefaßt werden kann. Auch der menschliche Körper als berechenbares Objekt ist immer noch anders »da« als dies ein Naturkörper ist. Er leibt.

Eine Qualität herkömmlicher Theoriebildung ist die Kausalitätsvorstellung. Darunter ist zu verstehen, daß alles, was passiert, streng kausal in einer Zeitreihe verursacht ist. Der springende Punkt ist dabei nicht nicht nur das Verständnis der Zeit als homogene Abfolge von Jetztpunkten. Dies würde nach daseinsanalytischer Auffassung höchstens der Vereinfachung der physikalischen Zeitmessung entsprechen. Das Wesen der Zeit ist jedoch ursprünglicher als ein Zeitigen von Weltbezügen zu verstehen, nicht aber durch deren Einteilung in kleinere und größere Abschnitte. So ist die Kausalitätsvorstellung eine philosophische Grundannahme, die demzufolge auch naturwissenschaftlich gar nicht bewiesen werden will. Ebenso gewichtig ist jedoch der Hinweis, daß unter einem Kausalitätszusammenhang nur eine rein zeitliche Abfolge von Verschiedenem verstanden werden darf. Dies ist eine bloße Wenn-dann-Beziehung, die sinnleer bleibt und so für ein Verständnis menschlicher Verhaltensweisen nichts bringt. Präziser kann aber gefragt werden: Was motiviert mich, aus der Vielfalt des Wahrgenommenen mich gerade auf diese oder jene Verhaltensweise einzulassen? Diese Motiv- und damit auch Sinnzusammenhänge konstituieren die Geschichtlichkeit des Menschen und machen seine Kontinuität aus über das Jetzt, das Vorher und das Nachher. Doch wurde auch betont, daß ein Phänomen und ein Motiv zwei verschiedene Sachen sind. Ein Phänomen ist in seiner Bedeutung noch völlig ungeklärt, auch wenn man über das diesem Phänomen zugrundeliegende Motiv schon Bescheid weiß.

In einem nächsten Schritt konnte in Anwendung des phänomenologischen Methodenverständnisses expliziert werden, daß jedes menschliche Phänomen ein Sicheinräumen und Zeitigen, ein Leibsein, ein Gestimmtsein und ein Mitsein ist. Diese Grundzüge menschlichen Existierens gründen in der Offenständigkeit des Daseins. Was diese Offenständigkeit ausmacht, worin sie besteht, muß im einzelnen immer noch gefragt werden. Dies ist nicht nur das Anliegen der Daseinsanalyse, sondern kann auch Ziel der verschiedenen psychologischen Ansätze und Richtungen sein.

Diese Kennzeichnung des In-der-Welt-seins ist zugleich eine Überwindung des subjektivistisch-possessiven Denkens, weil »nicht ich als ein Ich-Subjekt es mehr bin, der den Dingen und Mitmenschen ihre Schau stiehlt. Ich behaupte nicht länger, ihnen durch meine subjektiven, innerpsychischen Akte ihre Bedeutung zu- und vorschreiben zu können. Vielmehr lasse ich nunmehr »die Welt« mir diejenige Schau bieten, die sie mir von ihr her zu zeigen beliebt. »Welt-Anschauung« dort im bisherigen subjektivistisch-possessiv-technischen Sinne und phänomenologische »Welt-Anschauung« hier sind zwei völlig entgegengesetzte Sachen« (Boss 1971, S. 38). Das In-der-Welt-sein könnte allerdings leicht mißverstanden werden. Ich kann z. B. sagen, daß ich in einem Zimmer bin. Ich kann auch sagen, daß ich innerhalb der Schweiz bin. Würde man das noch mehr verallgemeinern, läßt sich sagen, daß ich in, d. h. auf der Welt bin. Dies wäre aber eine bloße Eigenschaft von mir, analog anderen meiner Eigenschaften. Auch anderes käme so »einfach zusätzlich« von mir noch vor. In-der-Welt-sein heißt aber ein Lichten, ein Existieren als ungegenständliches Dasein, ein Offenhalten eines Offenständigkeitsbereichs, in den das Begegnende hereinkommen kann. So gesehen, waren etwa die Mondfahrer auch »in der Welt«, obwohl sie auf dem Mond landeten. Sie standen einen Offenheitsbereich aus, in den hinein die beobachteten Phänomene der Mondlandschaft sich zeigen und zu ihrem Sein gelangen konnten. Wäre niemand da, der dies erleben könnte, wüßten wir auch nichts darüber.

In phänomenologischer Sicht läßt sich damit der Mensch also als Erscheinungsstätte in Anspruch nehmen für all das, was zu sein hat. Als dessen Hüter ist er um die Entfaltung des Seienden besorgt. Um die Entfaltung besorgt zu sein hat der Mensch deshalb, weil er dadurch lebt, daß sich ihm das Entfaltete, d. h. das, was ihm Sinn gibt, darstellt und er darauf bezogen ist. Wäre er nicht darauf bezogen, hätte er nichts, zu dem er in Beziehung stehen könnte. Das Nicht-in-Beziehung-Stehen zu etwas kommt einem eigenen Verlust gleich. In der Konsequenz würde menschliches Leben unmöglich werden. Heidegger (1972) spricht deshalb von einer Sorge, die dem Menschen aufgetragen sei. Diese Sorge ist aber nicht so gemeint, wie dies im üblichen Sprachgebrauch der Fall ist. Zwar glaubte Binswanger (1942) die Sorge durch die Liebe ergänzen zu müssen. »Damit bekundet er (Binswanger) aber lediglich, daß er das grundlegende Existential, in Sein und Zeit »Sorge« genannt, als eine einzelne ontische Verhaltensweise im Sinne eines trübsinnigen oder bekümmert-fürsorglichen Benehmens eines bestimmten Menschens verkennt. Sorge ist aber nichts mehr und nichts weniger als der Name für das gesamte Wesen des Daseins, insofern dieses immer schon angewiesen ist auf etwas, das sich ihm zeigt, und als es stets von Anfang an immer in je einem wie immer gearteten Bezug zu solchen aufgeht« (Heidegger, zit. nach Boss 1979, S. 376). Damit wäre Liebe gar nicht abhebbar gegen die »Sorge«, sie wäre darin eingeschlossen.

Diese grundsätzlichen daseinsanalytischen Gedanken sind ursprünglich einem philosophischen Denken entsprungen, insofern man Heidegger einen Philosophen nennt; selbst darüber wurde diskutiert, da Philosophen bisher immer das Seiende untersuchten. Das Sein selber blieb bis zu Heidegger unbefragt. Boss meint dazu (1979, S. 151): »Die Daseinsanalyse ist weder Philosophie, noch ist sie an sich ein psychotherapeutisches Verfahren. Sie ist eine neue empirische Forschungsmethode oder Betrachtungsweise ... und gibt der konkreten psychologischen und psychiatrischen Forschung ganz neue Impulse.« Ob dies allerdings in der Praxis wirksam werden kann, zeigt sich zunächst nicht in gedanklichen Überlegungen. Sie wurde von Binswanger und Boss auch für die Psychiatrie fruchtbar gemacht. Diese psychiatrische und therapeutische Daseinsanalyse ist einerseits gerade aus gedanklich vollziehbaren Widersprüchen der Psychoanalyse entstanden. Man denke nur z. B. an den kritisierten Begriff des Unbewußten, der aus dem Vokabular der Psychoanalyse nicht wegzudenken ist. In daseinsanalytischer Sicht sind diese Phänomene aber wieder in ihrem ursprünglichen Erfahrungshorizont als das belassen worden, als was sich davon dem Beschauer unmittelbar zeigt (vgl. dazu Boss 1979). So ist Daseinsanalyse analog der Psychoanalyse nicht nur eine Anschauung bzw. bei letzterer eine Theorie, sondern sie konnte eigentliche Analyse des Daseins im Rahmen der empirischen Erfahrungen der Psychotherapie werden. Dies ist nämlich ein Ort, wo das Verständnis erprobt und die tieferen Einsichten in die Möglichkeiten menschlichen Existierens besonders durchsichtig werden.

3 *Elemente der Strukturbildung und Entwicklung*

Die psychische Entwicklung des Kindes läßt sich unter strukturellen Gesichtspunkten beschreiben. Innerhalb der Psychoanalyse wird nach Mentzos (1984) der Strukturbegriff in mindestens 4 Bedeutungen gebraucht. Im allgemein psychologischen Sinn bezeichnet Struktur erstens die Art, in der verschiedene Teile eines Ganzen zusammenhängen. Zweitens versteht man darunter eine bestimmte Gliederung der psychischen Organisation vom Es, Ich und Über-Ich. Drittens kann Struktur soviel wie Charakter bedeuten. Letztlich werden alle relativ dauerhaften psychischen Organisationen als Struktur bezeichnet.

Im folgenden werden einige konkrete Entwicklungsschritte herausgegriffen, die in den letzten Jahren von verschiedenen Autoren als strukturbildend während der frühen Kindheit angesehen werden. Was Struktur dann ist, wird im einzelnen deutlicher.

Zur Definition erst ein Hinweis. Weil das Ich einmal zur Charakterisierung des regulierenden Anpassungsorgans, zum anderen zur Bezeichnung der Gesamtperson benutzt wurde, führte Hartmann den Terminus Selbst ein. Das Ich stellt ein Strukturprinzip der Psyche dar, ist also ein Teilbereich der Person, die noch das Es und das Über-Ich umfaßt. Das Selbst ist ein Gegensatzbegriff zu dem des Objekts und wird von Hartmann wie folgt definiert: Das Selbst bezieht sich auf die gesamte Person eines Individuums, einschließlich seines Körpers wie auch seiner psychischen Organisation. Unter Selbstrepräsentanz versteht man, wie das eigene Selbst eines Individuums erfahren wird. Die Objektrepräsentanz umschreibt die Art und Weise, wie das Bild eines Objekts erfahren wird. Ein Selbst Objekt schließlich drückt aus, daß eine Person eine andere als Teil des eigenen Selbst erlebt.

Die folgende Darstellung berücksichtigt:

a) die Phasenentwicklung nach Mahler (1979),
b) Narzißmus nach Kohut (1969, 1979),
c) Objektbeziehung nach Kernberg (1981) und Masterson (1980),
d) Ich-psychologische Überlegungen nach Blanck u. Blanck (1980, 1981).

3.1 Die Phasenentwicklung nach Mahler

Mahler beobachtete die Interaktion zwischen Kindern und Müttern in einem speziellen Setting und kommt zu folgenden Schlußfolgerungen: Die 1. Lebensphase wird die autistische genannt, weil es fraglich ist, daß hier schon ein seelischer Kontakt zwischen einem *autonomen* Subjekt und einem autonomen Objekt besteht. Etwa um den 3. Monat beginnt die 2. Phase, die Symbiose. Das Hauptmerkmal ist die illusorische omnipotente Verbindung mit der Mutterrepräsentanz.

Eine optimale symbiotische Befriedigung ist von großer Bedeutung für die Entwicklung. Im schlimmsten Fall kommt es bei einem gestörten Mutter-Kind-Verhältnis zur kindlichen Psychose. Im positiven Verlauf lernt das Kind, zwischen innerer und äußerer Wahrnehmung zu unterscheiden. Ich-Funktionen werden erworben, und lustvolle Erlebnisse verbinden sich mit der Wahrnehmung der mütterlichen Pflege. Dies führt zu höherentwickelten Objektbeziehungen. In der 2. Hälfte des 1. Lebensjahres hat die Mutter eine so spezifische Gestalt angenommen, daß sie nicht mehr austauschbar ist.

Die nächste Phase ist die der Loslösung und Individuation. Mahler unterteilt sie in folgende Subphasen: Differenzierung,

Übung, Wiederannäherung, eigentliche Loslösung und Individuation: die Konsolidierung.

Die Differenzierung setzt bei optimaler Symbiose wie folgt ein: Durch Reifungsvorgänge und unterstützt durch die Fortbewegung kann das Kind besser seine Selbstrepräsentanzen aus den bisher miteinander verschmolzenen Repräsentanzen von Selbst und Objekt herauslösen und differenzieren.

Die Übungsphase erstreckt sich vom 10. bis 16. Monat. Das Kind lernt laufen und kann sich damit von der Mutter stärker trennen. Das Kind beginnt als Individuum zu leben. Inadäquates Zugehen der Mutter auf das Kind, ungenügender Austausch von Signalen führen zur Gefahr des Objektverlustes, obwohl die Mutter normalerweise emotional verfügbar bleibt.

In dieser Phase ist das »Hochgefühl« das Hauptcharakteristikum. Die Welt wird omnipotent erlebt. Das so erworbene Selbstwertgefühl ist sehr verletzlich, weil es von der magischen Omnipotenz abhängt.

Die Wiederannäherungsphase (18.–24. Monat) bleibt für Störungen sehr anfällig. Eine Zurückweisung der emotionalen Ansprüche durch die Mutter kann so enttäuschend sein, daß die Grundlagen für eine Depression im späteren Leben gelegt werden. Bei gutem Verlauf differenziert das Kind weiter zwischen Selbst- und Objektrepräsentanzen und kann die Vorstellung des Objekts aufrechterhalten, unabhängig vom jeweiligen Bedürfniszustand. Ohne optimale Entwicklung spaltet das Kind unter Umständen die Objektwelt länger als erwünscht in gut und schlecht. Mit Hilfe dieser Spaltung wird das gute Objekt gegen aggressive Strebungen verteidigt. Die allmächtige Zweieinheit mit dem primären Objekt kann nicht wiederhergestellt werden. Diese Phase ist so verwundbar, weil sich das Kind jetzt weniger auf die eigene magische Omnipotenz verlassen kann.

In der Konsolidierungsphase nach dem 24. Monat lernt das Kind, die Abwesenheit der Mutter mit Hilfe der Internalisierung des Mutterbildes zu ertragen und gelangt damit zur Objektkonstanz.

3.2 Narzißmus nach Kohut

Bei der narzißtischen Störung nach Kohut beruht die traumatische Enttäuschung auf der mangelnden Fähigkeit der frühen Bezugsperson, sich in den Säugling einzufühlen und als Hilfsreizschranke zu wirken. Ergebnis ist eine allgemeine Strukturschwäche des Kindes. Es fühlt sich nicht mehr »ganz«. Das kleine Kind versucht, das ursprüngliche Erlebnis der Vollkommenheit wiederzuerlangen. Um das verletzte psychische Gleichgewicht wiederzufinden, baut das Kind

a) ein grandioses exhibitionistisches Bild seiner selbst auf und überträgt
b) das Verlangen nach Vollkommenheit einem bewunderten allmächtigen Selbstobjekt.

Bei einer normalen Entwicklung wird die archaische Grandiosität allmählich in eine realistische Einstellung uminterpretiert. Bei einem traumatischen Verlauf dagegen verschmilzt das Größenselbst nicht mit realistischen Einstellungen, sondern bleibt in unveränderter Form erhalten. Das Größenselbst wird auch später beständig zur Geltung kommen und wirkt für das allgemeine Verhalten stark motivierend. Wenn die Enttäuschung eines Kindes den bewunderten Elternteil betrifft, bleibt bei einer negativen Entwicklung das idealisierte Selbstobjekt bestehen und wirkt ebenso für die spätere Beziehungsgestaltung motivierend. Das Selbstobjekt kann nicht in eine Struktur des Selbst umgewandelt werden. Das Kind erwirbt damit keine Besänftigungsmechanismen und bleibt leicht störbar. Unter optimalen Bedingungen erlebt dagegen das Kind die Enttäuschung am idealisierten Elternteil nicht plötzlich. Das Kind hat Zeit und die Elastizität, die Bewertung des idealisierten Partners realistisch werden zu lassen. Dies bedeutet einen Abzug der narzißtischen Besetzung vom Objektbild und führt zum Aufbau einer eigenen stabileren Struktur. Das Kind kann jetzt selbst eine Funktion übernehmen, die vorher vom idealisierten Objekt erfüllt wurde. Erwirbt das Kind diese eigene Struktur nicht, wird es später auf der Suche nach Objekten und mit entsprechender Abhängigkeit in ihnen einen Ersatz für fehlende Segmente der psychischen Struktur suchen.

Bei der Therapie von erwachsenen Patienten dieses Typus werden diese Muster erstens in der idealisierenden Übertragung wiederbelebt. Für den Fortschritt der Therapie wird es wichtig, die verdrängten narzißtischen Strebungen, mit denen das archaische Objekt besetzt wird, bewußt zu machen. In einem zweiten Schritt muß mit Trauer und Wut der Verlust des narzißtisch erlebten Objekts durchgearbeitet werden. Ziel ist die Internalisierung des idealisierten Objekts, die zur Stärkung der Struktur des Patienten führt.

Eine zweite Form der therapeutischen Wiederbelebung narzißtischer Traumata ist die Spiegelübertragung. In ihr wird das grandiose Selbst aktiviert. Die Spiegelübertragung belebt jenes Entwicklungsstadium, in dem das Kind versucht, die ursprüngliche Vollkommenheit oder den ursprünglichen Narzißmus festzuhalten, indem ein grandioses Selbst Vollkommenheit kompensieren soll. Die Spiegelübertragung gibt es in 3 Formen:

Erstens in der Verschmelzung. Dabei absorbiert das grandiose Selbst das Objekt völlig. Zweitens in der Zwillingsübertragung, wo quasi ein Zwillings-Ich die Existenz eines Objekts zwar zuläßt, dies aber als Teil des Selbst erlebt wird. Drittens gibt es die eigentliche Spiegelübertragung. Hier wird Bestätigung durch das Objekt als hauptsächliche Beziehungsvariante erwartet.

Der Sinn der Spiegelübertragung besteht darin, infantile exhibitionistische Größenphantasien des Patienten bewußt werden zu lassen. Ziel der Therapie ist eine realistische Auffassung vom eigenen Selbst.

Kohut nennt anfangs das Selbst eine Struktur innerhalb der Psyche, die mit Triebenergie besetzt ist und zeitliche Kontinuität hat. Nach Wiederkehr-Benz (1982) verliert später das Kohutsche Selbst an Faßbarkeit. Es löst sich zusehends aus den naturwissenschaftlich geprägten Arbeitshypothesen Freuds. Dies ist eindrücklich, weil damit Kohut zögernd etwas als Resultat akzeptiert, was er aufgrund phänomenologischer Betrachtungen gewonnen hat.

3.3 Objektbeziehung nach Kernberg

Kernberg versteht seine psychoanalytische Objektbeziehungstherapie als einen besonderen Ansatz innerhalb der Psychoanalyse. Thema sind die frühen internalisierten Objektbeziehungen und deren Auswirkung. Die Entwicklungsstufen der internalisierten Objektbeziehungen widerspiegeln frühe Strukturen der Psyche. Sie differenzieren sich allmählich in komplexere Strukturen wie reales und ideales Selbst, reale und ideale Objektrepräsentanzen, die schließlich zu Ich, Über-Ich und Es als umfassende Strukturen integriert werden.

Kernberg hat das Problem der Spaltung von guten und bösen Vorstellungen untersucht. Volkan (1978) orientiert sich an Kernberg und hat die Psychoanalyse der frühen Objektbeziehung untersucht.

Selbst-Objekt-Vorstellungen, die nur gut sind, werden als Ergebnis von Wahrnehmungen und Erinnerungen aufgebaut, solange das Verhalten der Mutter bedürfnisbefriedigend wirkte. Gleichzeitig bilden sich die nur bösen Selbst-Objekt-Vorstellungen um alle schmerzlichen Erfahrungen. Diese nur guten und nur bösen Konstellationen werden durch die Abwehr der Spaltung auseinandergehalten. In jeder der beiden Vorstellungen wird später eine Differenzierung möglich zwischen den Vorstellungen vom Selbst und jener vom Objekt. Wenn die Entwicklung optimal verläuft, verschmelzen gute und böse Objektvorstellungen. Dies geschieht zwischen dem Ende der 1. und 2. Hälfte des 2. Lebensjahres. Ebenso verschmelzen analog die guten und bösen Selbstvorstellungen. Das Kind entwickelt so einen stabilen Stelbstbegriff und integrierte Objektvorstellungen. Kernberg unterteilt den Prozeß der Internalisierung in 4 Stadien.

Das 1. Stadium des Autismus besteht vor der Errichtung des undifferenzierten Selbstobjekts. Diese Phase ist gekennzeichnet durch Gedächtnisspuren der lustvollen Bedürfnisbefriedigung. Im traumatischen Verlauf kann eine autistische Psychose oder eine bösartige Form eines affektionslosen Charakters entstehen.

Das 2. Stadium beginnt zwischen dem 1. und 3. Monat. Durch das bedürfnisbefriedigende Verhalten werden »nur gute« nicht differenzierte Selbstobjekte aufgebaut. Alle schmerzlichen Erfahrungen führen zu »nur bösen« ebenfalls nicht differenzierten Selbst-Objekt-Vorstellungen. Die Aufgabe der 2. Stufe liegt darin, zwischen Selbst und Nichtselbst zu unterscheiden. Eine Fixierung auf dieser Stufe kann zu einer symbiotischen Kindheitspsychose oder Schizophrenie führen. Die Zeitspanne entspricht der Symbiose bei Mahler.

Im 3. Stadium vom 6. bis 18. Monat wird die Selbstvorstellung weiterhin von der Objektvorstellung differenziert. Die Spaltung von guten und bösen Konstellationen, die sich auf das gleiche Objekt beziehen, bleiben getrennt. Möglicherweise erfolgt eine primitive Idealisierung in gute Objektbilder mit einer überspannten Idealselbstvorstellung. Wird diese Phase schlecht bewältigt, entsteht die Borderlinestruktur. Kernberg meint, daß die Borderlinestruktur entwicklungsmäßig bis zur Differenzierung der Selbstbilder von den Objektbildern gelangt. Primitive Aggression verhindert jedoch das Erreichen der 4. Stufe, wo die bisher nur guten und nur schlechten Objektbilder zu einem Begriff von Selbst und ebenso vom Objekt integriert werden. Aggressiv besetzte Selbst- und Objektbilder, die so defensiv von nur guten Selbst- und Objektbildern abgespalten bleiben, verhindern die Integration darum, weil sonst unerträgliche Angst- und Schuldgefühle ausgelöst würden. Solange nämlich Wut auftritt, kann die schlechte Objektvorstellung externalisiert, d. h. vorzeitig ausgestoßen werden. Dies führt zu einer zu frühen Differenzierung des Selbst von den Objekten. Es kommt zu einer vorzeitigen Unabhängigkeit von der Umwelt, ohne daß eine sichere Objektbeziehung das Vakuum ausfüllt.

Neurotische Störungen setzen diese Struktur voraus, sie bauen auf ihr auf. Strukturstörungen sind Störungen vor diesem Punkt.

Im 4. Stadium ab dem 12. bis 18. Monat entwickelt sich die integrierte Selbstvorstellung zu einer Identität und stabilen Selbst- und Objektrepräsentanzen. Eine relativ stabile Struktur ist erreicht.

3.3.1 Therapeutische Konsequenzen nach Masterson

Masterson (1980) zieht therapeutische Konsequenzen aus dem speziellen Charakter der Loslösungs- und Individuationsphase. Er geht von der Theorie aus, daß Borderlinepatienten Loslösung nicht als normale Entwicklung erfahren. Im Gegenteil ist dies mit dem Erlebnis von intensiven Verlassenheitsgefühlen verbunden, die lebensbedrohend wirken. Um diese Gefühle abzuwehren, klammert sich das Kind an die Mutter und bleibt in der Entwicklung stehen. Die Mutter ihrerseits fördert die Abhängigkeit des Kindes, um ihr emotionales Gleichgewicht aufrechtzuerhalten. Das Kind lernt so frühzeitig, bestimmte eigene Fähigkeiten zu vernachlässigen, um die Zuwendung der Mutter zu bewahren. Es entwickelt sich ein Konflikt zwischen Autonomiebestrebungen und dem drohenden Verlust der mütterlichen Unterstützung. Damit werden die Keime gelegt für Verlassenheitsgefühle, Wut, Panik, Schuld, Passivität, Hilflosigkeit und Leere. Das spätere Leben wird der Abwehr dieser Gefühle untergeordnet sein. Die Verlassenheitsgefühle entstehen auch ohne eine tatsächliche physische Trennung, diese hat lediglich einen beschleunigenden Einfluß. Bei dieser Entwicklungsschwierigkeit bleibt die Einheit der Objektbeziehungen in zwei getrennte Teileinheiten gespalten. Die Mutter unterstützt das regressive Verhalten des Kindes mit ihrer Zuwendung. Auf Separations-/Individuationstendenzen reagiert sie mit dem Entzug von Zuwendung. So werden jene Teileinheiten geschaffen, die Masterson die entziehende Objektbeziehungsteileinheit (EOT) und belohnende Objektbeziehungsteileinheit (BOT) nennt. Die entziehende Teileinheit ist überwiegend aggressiv besetzt, die belohnende Teileinheit vorwiegend libidinös. Beide Teileinheiten bleiben durch die Spaltung getrennt. So wie sich die Spaltung auf das Objekt bezieht, so bleibt die Selbstvorstellung gespalten. Wenn das mütterliche Teilobjekt angesichts der Bemühung um Separation kritisch, feindselig oder wütend ist, ist die entsprechende Teilselbstvorstellung des Kindes geprägt von Gefühlen der Schuld, Hilflosigkeit, Leere. Die begleitenden Affekte der chronischen Wut verdecken die tieferliegenden Verlassenheitsdepressionen.

Die belohnende Objektbeziehungsteileinheit gewährt dagegen Anerkennung und Unterstützung für regressives Verhalten. Der begleitende Affekt des Kindes ist, sich gut zu fühlen und gefüttert zu werden. Wiedervereinigung wird belohnt. Die entsprechende Teilselbstvorstellung repräsentiert sich im guten, braven, passiven und klagenden Kind.

Entscheidend für die therapeutischen Möglichkeiten ist nun das Gefühl des Patienten, daß das durch das Zusammenspiel zwischen seiner belohnenden Teileinheit und seinem pathologischen Ich motivierte Verhalten Ichsynthon sei. Ein erstes Ziel der Therapie ist es daher, dieses Zusammenspiel als Ich-fremd zu interpretieren, indem dessen Destruktivität aufgezeigt wird. Dabei wird die entziehende Teileinheit für den Patienten aktiviert. Diese reaktiviert wiederum die belohnende Teileinheit, was mit weiterem Widerstand verbunden ist. So entsteht ein zirkulärer Prozeß, der Widerstand, Reaktionsklärung und Durcharbeiten der Verlassenheitsgefühle umfaßt. Die Bearbeitung der Wut und Aggression, die mit der entziehenden Teileinheit verknüpft sind, befreit auch die aus Teilselbst und Teilobjekt zusammengesetzten Vorstellungen von stark negativen Affekten. In der Folge wird die mit dem Ich verbundene neue Objektbeziehung in eine gute Selbstvorstellung integriert. Die mit dem pathologischen Ich verbundene gespaltene Objektbeziehung wird dagegen in eine böse Selbstvorstellung integriert. Beide Anteile sind dem wachen Bewußtsein ebenso zugänglich wie ihre Entsprechung in der Person des Therapeuten. An diesem Punkt unterscheidet der Patient gute und böse Selbstvorstellungen von guten und bösen Objektvorstellungen. Er kann jetzt gute und böse Selbst- bzw. Objektvorstellungen verschmelzen. Integrierte Objektbeziehungen werden möglich.

3.4 Ich-psychologische Überlegungen nach Blanck u. Blanck

Blanck berücksichtigen die Vorstellungen von Freud vom Ich (»Wir haben uns die Vorstellung einer zusammenhängenden Organisation der seelischen Vorgänge in einer Person gebildet und heißen diese das Ich derselben«) und die Ergänzungen von Hartmann (1972b). Nach letzterem Autor ist das Neugeborene mit einer undifferenzierten Matrix ausgestattet. Er geht vom Vorhandensein einer angeborenen Ich-Konstitution und anderer angeborenen Faktoren aus. Hartmann betont die wichtige Rolle der Frustration für die Entwicklung. Er führt den Begriff der Triebneutralisierung ein, wonach libidinöse und agressive Energien aus der Trieb- in die Nichttriebsphäre verschoben und damit dem Ich zur Verfügung gestellt werden. Hartmann erweitert den Begriff des intersystemischen Konflikts durch jenen des intrasystemischen, wonach das Ich mit Elementen seines Inneren in Konflikt stehen kann. Unter weiterem Einschluß der Einsichten von Jacobson (1977), Spitz (1967) und Mahler (1979) glauben Blanck u. Blanck, daß die Ich-Struktur aus den Prozessen hervorgeht, die mit der Loslösungs- und Individuationsphase zusammenhängen. Eine Differenzierung der Selbstbilder von den Objektbildern ist ein wesentlicher Teil des Prozesses der Ich-Organisation. Dabei ist das Ich zum Synonym geworden für den Organisierungsprozeß. Das Ich wird durch sein Funktionieren definiert. Die Frage, ob dieser Prozeß normal oder in verzerrter Form verlaufen ist, macht dann allerdings ein statisches Diagnoseschema überflüssig. Blancks Anliegen wird es, Merkmale der angeborenen Ausstattung in der Interaktion mit der Mutter und der Umgebung zu verstehen. Die Form und das Resultat ist bei jedem Individuum verschieden. Die Wiederannäherungsphase bildet den entscheidenden Punkt, wo Schädigungen aus früheren Subphasen in die weitere Entwicklung einbezogen oder durch frühere Fehlbildungen noch verschlimmert werden. Allerdings sind das nicht bloße Subphasendefizite, sondern es ist die Interaktion zwischen den beiden Partnern, die die Organisation betrifft. In der Subphase der Wiederannäherung werden die Voraussetzungen geschaffen, um ödipale Krise, Latenz, Adoleszenz und das spätere Leben zu meistern.

3.4.1 Der Angelpunkt um Entwicklungslinien

Blanck u. Blanck sehen in der Wiederannäherungsphase einen Angelpunkt, um den sich die Entwicklung dreht. Links des Angelpunkts ist die Struktur *vor* dieser Subphase, rechts *danach*.

Die Zusammenstellung zeigt, wie einige primitive Entwicklungsmerkmale zu höheren Formen fortschreiten. Die Differenzierung ist so komplex, daß kein einziges Merkmal des Ganzen herausgelöst werden kann.

In der Entwicklung während der Wiederannäherungsphase zeigt sich eine beachtliche qualitative Verschiebung. Normalerweise erreicht die Ich-Organisation dann ein verhältnismäßig stabiles Niveau. Folgende Entwicklungslinien sind zu unterscheiden:

1. Leben im Körper vs. Leben im Geist

Die Spezialisierung von Psyche und Soma wandelt den Organismus um in ein weniger psychophysiologisch geprägtes Wesen. Selbst- und Objektbilder sind erst miteinander verschmolzen. Der Loslösungs- und Individuationsprozeß bedeutet eine Strukturierung dann, wenn Selbst- von Objektbildern getrennt werden.

2. Interpersonelle Interaktion vs. Inter- und intrasystemische Operation

Nach der autistischen Phase, in der Symbiose und den Subphasen ist die Selbst-Objekt-Beziehung weitgehend interpersonell. Mit der Strukturierung wird Distanz und Unabhängigkeit vom Objekt erreicht. Die strukturierte Psyche setzt sich mit ihren 3 Instanzen Ich, Es, Über-Ich sowie innerhalb jeder einzelnen auseinander. Das Ich tritt bei intersystemischen Auseinandersetzungen stärker als Vermittler auf.

3. Primärprozeß vs. Sekundärprozeß

Der Primärprozeß wird mittels Strukturierung durch den Sekundärprozeß abgelöst, ersterer bleibt aber Bestandteil des Unbewußten. Die Borderlinestruktur entwickelt Zwangsmechanismen, um sekundärprozeßhaftes Denken zu binden. Diese sind nicht mit neurotischen Zwangssymptomen identisch. Freie Assoziation ist therapeutisch nur sinnvoll, wenn der Sekundärprozeß erreicht ist, ansonsten die Fragmentierung von Denkprozessen gefördert wird.

4. Undifferenziertes Selbstobjekt vs. differenziertes Selbst und Geschlechtsidentität

Die Entwicklung schreitet von einer undifferenzierten Selbst-Objekt-Einheit zu einem differenzierten Selbst mit einem klaren Körperbild und deutlichem Gewahrwerden der Geschlechtsidentität. Die Selbstbilder werden von den Objektbildern differenziert. Patienten mit Borderlinestrukturen erleben sich selbst unbewußt als Teil einer Selbst-Objekt-Einheit. Sie behandeln den anderen nicht als ein getrenntes Wesen, sondern als Teil des Selbst. Wenn die andere Person dies nicht aufnimmt, kann Wut entstehen. Gesucht wird die Vereinigung mit einem anderen, um sich zu vervollständigen.

5. Unmittelbare Impulsabfuhr vs. Ich als Vermittler

Am Anfang der Entwicklung erfolgt die Abfuhr von Reizen unmittelbar. Die Abfuhr geht im allgemeinen nach innen, das erklärt psychosomatische Phänomene. Mit der allmählichen Differenzierung erfolgt die Abfuhr nach außen. Antizipation, Urteilsfähigkeit und Aufschub zeigen an, daß das Ich als Vermittler auftritt. Das Ich beginnt, Verhalten zu kontrollieren.

6. Angst vor Vernichtung, Objektverlust, Liebe vs. Kastrationsangst, Über-Ich-Angst

Mit der verschwommenen Wahrnehmung eines Außen, was zu Beginn der Symbiose einsetzt, weicht die Furcht vor Vernichtung der Furcht vor Objektverlust. Mit ödipalen Strebungen kommt es zur Kastrationsangst, bis schließlich die Über-Ich-Angst die Reihe abschließt.

7. Organismisches Unbehagen, Besänftigung von außen, Selbstbesänftigung vs. Signalangst

Nach einer Gesamtreaktion auf Unlust entstehen mit der Zeit beim Säugling, der besänftigt worden ist, positive Gedächtnisspuren. Später kann das Kind mit Identifizierung und einem Übergangsobjekt Selbstbesänftigungsmechanismen verinnerlichen. Sobald das Ich als Vermittler funktionieren kann, wird die Angst als Signal erlebt, und die Abwehr kann mobilisiert werden.

8. Nichtorganisierte Abwehr vs. vollständiges affektives Repertoire

Anna Freud (1964) hat eine umfassende Arbeit über die Abwehrmechanismen geschrieben. Sie sollen das Strukturniveau des Ich widerspiegeln. Blanck u. Blanck fragen sich jedoch, ob Verleugnung, Projektion, Introjektion und Spaltung tatsächlich eine Abwehr ist oder ob sie auf frühe Strukturierungsstufen mit entsprechend begrenzten Fähigkeiten hinweisen. Die Tatsache, daß diese Phänomene über ein altersentsprechendes Niveau hinaus persistieren, verwandeln sie nicht in einen Abwehrmechanismus. Unwirksame Abwehr weist jedenfalls auf strukturelle Mängel hin. Isolation, Reaktionsbildung, Ungeschehenmachen nehmen einen mittleren Rang ein, während die Verdrängung der wirksamste Mechanismus ist. Bei Borderlinezuständen hat das Individuum nicht die Fähigkeit, Signalangst und die Abwehrmechanismen einer höheren Entwicklungsstufe zu benutzen. Dabei wird Regression bzw. Zurückziehung eingesetzt, dies ist dem schizoiden Verhalten ähnlich. Mit Distanzierung dagegen wehrt sich der Patient gegen den Wunsch nach symbiotischer Verschmelzung. Mit rascher Anhänglichkeit versucht das Individuum, mit jedem potentiellen bedürfnisbefriedigenden Objekt zu verschmelzen.

9. Einfache Affekte »für« und »gegen« vs. Ambivalenzen

Zu Anfang werden die Objekte als gut oder schlecht erlebt bzw. als »für« und »gegen« aufgefaßt. Das Maß an weiteren Affekten widerspiegelt den Grad der Differenzierung. Echte Affektnuancen sind Freude, Heiterkeit, Begeisterung, Leidenschaft, Traurigkeit, Sorge. Das Schuldgefühl zeigt eine Strukturierung auf einem hohen Niveau an. Werden in der Entwicklung die guten und schlechten Objektbilder verschmolzen, verschmelzen auch die Selbstbilder und damit kommt es zur Selbst- und Objektkonstanz.

10. Gespaltene Selbst- und Objektbilder vs. ganze Selbst- und Objektrepräsentanzen

Das Kleinkind braucht Zeit, um das Erlebnis des Guten zu stabilisieren. Das geschieht dadurch, daß das Kind Objekt- und Selbstvorstellungen in »ganz gute« und »ganz schlechte« spaltet, solange eine befriedigende Erfahrung nicht genügend gefestigt ist. Wenn das Kind allmählich negativ gewertete elterliche Fehler ertragen kann, beginnt es mit der Verschmelzung zu Gesamtrepräsentanzen.

11. Bedürfnisbefriedigung, Objektliebe vs. Selbst- und Objektkonstanz

Der Säugling benötigt erst das Objekt zum Überleben und zur Bedürfnisbefriedigung. Wenn das Kind allmählich merkt, daß das Objekt jemand anders ist als das Selbst, schreitet die Identifizierungsfähigkeit fort, und die Liebesfähigkeit entwickelt sich.

12. Suche nach dem primären Objekt vs. Übertragungsfähigkeit

Am Anfang sind ganze Selbst- und Objektrepräsentanzen noch nicht vorhanden. Patienten mit Borderlinestruktur erwarten deshalb eine Suche nach Wiederholung des Erlebens mit dem Primärobjekt. Eine echte Übertragung ist etwas anderes und nur dort möglich, wo die Selbst- und Objektkonstanz erreicht wurde. Übertragung heißt, daß der Angelpunkt erfolgreich durchlaufen wurde. Affekte und Einstellungen können gerade deshalb auf den Therapeuten übertragen werden, weil es sich um Erfahrungen mit ganzen Objektrepräsentanzen handelt.

Mit Jacobson fragen Blanck u. Blanck: »Aber was kann Übertragung in einer verschmolzenen Selbst-Objekt-Einheit vor der Differenzierung der Selbst- von den Objektrepräsentanzen bedeuten?« Vor der Trennung dieser beiden Repräsentanzen wird die therapeutische Situation beherrscht sein von einer ständigen Suche nach narzißtischer Zufuhr. Die Patienten suchen nach Vereinigung mit anderen und pflegen diese als Teile ihrer Selbst zu erleben. In diesem Sinne wird der Patient sich unbewußt als Teil einer Selbst-Objekt-Einheit erleben.

13. Dyadische Beziehung vs. ödipale Objektbeziehung

Wenn eine libidinöse Beziehung zur Mutter über eine phasenspezifische Zeit hinaus fortbesteht, ergeben sich Ängste des Kindes. Sie umfassen Gefahr einer Verschlingung durch die Mutter in der Symbiose, Kastration und Verlust der Fähigkeit zu selbständigem Funktionieren. Der Fortschritt der Objektbeziehungen von der dyadischen zur triadischen Ebene beginnt, wenn die Objektwelt sich erweitert. Vater und Geschwister leisten dazu wichtige Beiträge.

3.4.2 Therapeutische Konsequenzen

Nach Blanck u. Blanck (1980) sollen sich Maßnahmen auf das Organisationsniveau der Ich-Struktur abstützen mit dem Ziel, den Organisierungsprozeß weiter voranzutreiben. Dieses Verständnis wurde aus der Gesamtheit der psychoanalytischen Entwicklungspsychologie (Freud, Hartmann, Spitz, Mahler) entwickelt. Dabei ist diese Theorie keine einseitige Objektbeziehungstheorie, sondern eine Interaktionstheorie. Die Diagnose orientiert sich nicht am Symptom, sondern an der Ich-Struktur. Abweichung von einer optimalen Ich-Entwicklung ist erstens in einem Ich-Defekt aus konstitutionellen Gründen zu sehen. Dazu gehören die psychoorganischen Syndrome. Zweitens kommt eine Ich-Abweichung dadurch zustande, daß sich einige Aspekte der Entwicklung zu früh vom normalen Ablauf entwikkeln. Entwicklung und Reifung müssen ja nach Spitz in der kritischen Periode zusammenwirken. Drittens bedeutet die Ich-Verzerrung eine falsche Wahrnehmung von Selbst- und Objektrepräsentanzen. Schließlich ist in der Ich-Regression mit einem Verlust von Ich-Funktionen zu rechnen, die schon erworben wurden.

Der Zweck der psychotherapeutischen Behandlung ist die Strukturbildung. Diagnostische Hinweise ergeben sich aus der Höhe des Organisationsniveaus anhand des Angelpunktes. Eine Fehlbildung spiegelt sich nun nicht direkt wider, sondern in abgewandelter Form. Die Erlebnisse der Latenz, Pubertät und Adoleszenz sind zu berücksichtigen. So stellt sich die Frage, auf welchem Strukturniveau der Patient steht. Hinweise ergeben sich daraus, wie primär- bzw. sekundärprozeßhaft das Denken ist, wie sich die Angst präsentiert, welchen Umfang das affektive Repertoire hat, wie Frustrationen überwunden werden, wie reversibel Regressionen sind und wie es um die Abwehrmöglichkeiten steht. Wie tritt der Patient in die therapeutische Beziehung, wie stark sind die Objekt- von den Selbstbildern differenziert? Wie ist seine Identität, Sexualität und die Über-Ich-Struktur?

Das Ich wird durch die Behandlung gestärkt, wenn der Patient lernt, latente Ich-Fähigkeiten anzuwenden, und damit ein höheres Organisationsniveau erreicht. Dazu bedarf es der Anregung von Funktionen wie Wahrnehmung, Gedächtnis,

Antizipation. Dabei werden psychische Strukturen nicht als geschlossene Systeme betrachtet. Der Therapeut kann deswegen als Katalysator der Organisation fungieren. So richtet sich das Augenmerk auf die Fehlbildungen in der Organisation und nicht auf deren Auswirkungen im Verhalten. Der Therapeut wird ein verläßliches, wohlwollendes Klima schaffen und angesichts negativer Affekte des Patienten keine Feindseligkeit erwidern. Feindseligkeit kann als Affekt unterschieden werden von einem aggressiven Drang, der der Trennung dient und eher wachstumsfördernd als gegen das Objekt gerichtet ist. So ist es wichtig, daß Affekte differenziert werden. Das therapeutische Gefälle wird in dem Sinn aufrechterhalten, daß sichtbar bleibt, daß sich die vom Therapeuten repräsentierte weitere Objektwelt von der Welt der primären Objekte unterscheidet. Bei niedrig strukturierten Patienten wird die Beziehung durch die Suche nach Wiederholung von Erlebnissen mit gespaltenen Objektbildern gekennzeichnet sein. Insofern entsteht hier keine Übertragung. Der Therapeut geht auf die stereotypen negativen Erwartungen nicht ein, damit der Patient seine Vorwegnahme der Objektwiederbelebung in Frage stellen kann. Gegenwärtige Erlebnisse unterscheiden sich so von früheren.

Nach der Bestimmung der Fehlbildung der Organisation treibt wachstumfördernde Frustration den Loslösungs- und Individuationsprozeß voran. Die Frustration muß für den Patienten erträglich sein und zusammen mit gewährendem Verhalten in einem vorhersehbaren Kontext erfolgen. Zusammen mit Verbalisierung führt die Neutralisierung der Triebenergien zur »Objektbesetzung« und damit zur Ich-Bildung. Die Förderung der Abwehr ist ebenso wichtig wie das Respektieren der Autonomie des Patienten. Eine Ich-Stützung kann dadurch erfolgen, daß Bereiche angesprochen werden, wo die Entwicklung den höchsten Stand erreicht hat. Deutungen, die – wie in der Psychoanalyse üblich – das Vorbewußte festhalten, bringen für niedrig strukturierte Patienten nichts. Die Deutung der Höchststufe festigt diese hingegen. Wenn der Patient als ganze Person gesehen wird, so lassen sich auch seine Anpassungsleistungen bemerken. Bevor negative Übertragungserscheinungen behandelt werden, ist es wichtig, daß erst positive Selbst- und Objektrepräsentanzen aufgebaut werden. Ansonsten würde die relativ unneutralisierte Aggression das Selbst und das Objekt zerstörerisch bedrohen. Das Risiko des Objektverlusts durch aggressives Sichauslassen ist groß. Die Differenzierung der Selbst- und Objektrepräsentanzen soll gefördert werden, indem der Patient einige verzögerte Funktionen wie Selbstbeobachtung und Affektunterscheidung übt. Der beobachtende Anteil des Ich kann konfrontiert werden mit dem handelnden Anteil.

Aufgrund der primären Erlebnisse gibt es immer eine Seite, von der aus gesehen der Patient recht hat. Diese Auffassung hilft, besser mit der Gegenübertragung fertig zu werden. Die Wiederbelebung der Vergangenheit in der Übertragung kann angesprochen werden, sofern die Besetzung positiv stark ist. Präverbales Material kann möglicherweise durch Schweigen des Therapeuten provoziert werden. Bei niedrig Strukturierten, welche die synthetische Funktion nicht beherrschen, ist die freie Assoziation nicht indiziert. Ebenso müssen nicht erst unbewußte Inhalte aufgedeckt werden. Eine weitgehende Abstinenz des Therapeuten erträgt der Patient nicht. Mit Erklärungen soll dem Patienten verständlich gemacht werden, wo der Organisationsprozeß der Subphaseninteraktion Fehlbildungen aufzuweisen begann. Erlebnisse in der Dyade – gleichgültig, wie negativ sie waren – wollem vom Patienten wiederholt werden, um die Objektbeziehung aufrechtzuerhalten. Dies kann gedeutet werden.

Speziell bei den Träumen ist es für die Ich-Bildung dienlich, wenn der Patient selber daran arbeitet oder überlegt, warum er es nicht tut. Eine Konfrontation mit erschreckenden Es-Inhalten wird zurückgestellt zugunsten der Benutzung des Traumes zur Ich-Bildung. So ergibt sich die Verwendung von Träumen aus dem Verständnis von Entwicklungslinien. Die Art, wie der Patient einen Traum erzählt, kann ebenso wichtig werden wie der Inhalt. Bei der Traumdeutung, wie in der übrigen Therapie auch, sind Deutungen in Frageform sinnvoll.

4 *Die aktive Imagination*

Schon Rudolf Steiner (1914) hat sich zum Thema aktive Imagination geäußert. Er unterscheidet neben der materiellen, inspirierten und der intuitiven Erkenntnis, die imaginative Erkenntnis. Bei dieser Erkenntnis fällt der Eindruck auf die äußeren Sinne, die »Sensation« weg. Nun erwirbt aber der Geheimschüler (sagen wir statt dessen »der Patient«) die Fähigkeit, Bilder zu formen, auch wo keine Sinnesgegenstände vorhanden sind. Es muß dann bei ihm an die Stelle des äußeren Gegenstandes etwas anderes treten. Dies ist die Imagination. Sie ist so lebhaft und wahr wie die Sinnesbilder, nur kommt sie nicht vom »Materiellen«, sondern vom »Seelischen«. Es gehört eine sorgfältige Schulung dazu, innerhalb dieser höheren Bilderwelt Täuschung und Wirklichkeit zu unterscheiden. Die Entscheidung darüber, was auf höherem Gebiete »wirklich« ist, was nur Illusion (sagen wir Phantasie) ist, kann nur von der Erfahrung kommen. Man muß zuerst die Quelle der Phantastik ganz verstopfen, dann kann man erst zur Imagination kommen. Annäherungsweise kommt es der Sache am nächsten, wenn man sagt, daß in der imaginären Welt alles so zum Menschen spricht, wie wenn es unmittelbar intelligent wäre. In der Imagination nehmen die eigenen Gefühle, Vorstellungen, Leidenschaften aus dem Menschen heraus Gestalt, Farbe und Ton an. Was vom Menschen ausströmt, erscheint so, als wenn es von außen an ihn herankommen wollte.

Auch Anna Freud (1966, S. 34) berichtet von diesen Bildern: »Ein kleines Mädchen, das sich in der Analyse als besonders folgsam und meinen Wünschen gefügig erwies, das auch bei seiner großen zeichnerischen Begabung durchaus visuell veranlagt war, konnte ich gelegentlich, wenn ich mich gar nicht mehr auskannte, darum bitten, »Bilder zu sehen«. Sie setzte sich dann mit geschlossenen Augen und in einer merkwürdig horchenden Stellung hin und verfolgte gespannt die Dinge, die in ihr vorgingen. Auf diese Weise gab sie mir tatsächlich einmal die Lösung einer langdauernden Widerstandssituation. Dies wird immer den Charakter einer solchen einmaligen Hilfe behalten, nicht die sichere Basis sein, auf welche die ganze analytische Arbeit gegründet wird.«

4.1 Aktive Imagination mit psychoanalytischem Hintergrund

Das katathyme Bilderleben (kata = gemäß, thymos = Seele) oder die aktive Imagination, wie C. G. Jung dies bezeichnet hat, wurde von Leuner seit 1954 zu einer psychoanalytisch orientierten Psychotherapie entwickelt (Leuner et al. 1977; Leuner 1980; Leuner u. Lang 1982). Die Kurzpsychotherapie und die Krisenintervention spielt dabei eine besondere Rolle. Eine andere Behandlungsform ist längerdauernd und will die Charakterstruktur des Patienten ändern. Im Vergleich zu klassischen Analysen ist dafür ein vergleichbar kleiner Zeitaufwand nötig. Die Imagination folgt im Verständnis Leuners den Prinzipien der Traumarbeit, wie sie Freud dargestellt hat. Imaginationen geben sofort Auskunft über die unbewußte Problematik des Patienten.

Unsystematisch hervorgerufene Imagination befriedigte Leuner nicht. Ihm geht es um ein Verfahren der systematischen Tagtraumtechnik. Der Patient hält sich dabei in der optischen Phantasie auf. Ihm bleibt dabei bewußt, daß die imaginierte Wahrnehmung nicht die Realität darstellt. Die Bilder entstehen durch eine Projektion in das Dunkle und werden etwa ein Meter vor den geschlossenen Augen erlebt. Leuner ist der Auffassung, daß die auf Freud aufbauende und weiterentwickelte Psychoanalyse einschließlich der jüngsten Lehre von den »primitive internalized object relations« (Volkan 1978) das am besten geeignete dynamische Konzept für das katathyme Bilderleben ist. Aber auch die Lehre von C. G. Jung könne der Methode zugrunde gelegt werden.

Die Inhalte der optischen Imagination werden im Tagtraum als Phänomene regressiver psychischer Funktionen aufgefaßt. Sie folgen dabei den Funktionsgesetzen des Primärprozesses: Verdichtung, Verschiebung, Aufhebung des Satzes vom Widerspruch. Dabei ist es gleichgültig, ob die imaginierten Inhalte Reales darstellen oder nicht. Der symbolische Inhalt stellt eine Verdichtung lebensgeschichtlich gesammelter und prägender emotionaler Erfahrung dar. Das Symbol ist Folge eines psychischen Kompromisses zwischen Triebimpuls und Abwehr. Der Tagtraum spielt sich über lange Strecken in einem archaischen, oft stark regressiven Milieu ab. Die klassischen ödipalen Konstellationen treten dabei übrigens selten oder spät in Erscheinung. Der Patient liegt auf der Couch, er kann aber ebensogut sitzen. Er entspannt sich mit geschlossenen Augen. Der Therapeut bietet dann ein Vorstellungsmotiv an. Leuner unterscheidet 12 Standardmotive; u. a. die Wiese, der Bach, der Berg, das Haus, die Höhle, der Vulkan oder Beziehungspersonen. Der Therapeut lenkt vorsichtig den Tagtraum, und der Patient berichtet laufend über den Inhalt. Dazu setzt Leuner Regieprinzipien ein, wie z. B. das Füttern eines gefährlichen Tieres. Es ergibt sich eine kontrollierte Regression, die reversibel ist. Voraussetzung ist eine empathische Zuwendung des Therapeuten und ein tragender Kontakt. Eine Bearbeitung der Problematik erfolgt durch verschiedene Regieprinzipien.

Nach psychoanalytischer Auffassung sollen Konflikte verbalisiert werden. Im Tagtraum dagegen soll sich das Szenarium der Imagination einstellen, der Patient beobachtet und beschreibt. Dabei wird schnell unbewußtes Material assoziiert. Dies ist eine Erklärung dafür, daß die Therapien zeitlich eher kurz sind. Impulse und gegen sie gerichtete Abwehr stellen sich im Tagtraum gut dar. Alle Formen der klassischen Abwehrmechanismen sind zu beobachten. Die übliche Übertragungsneurose wird in der Imagination auf den Projektionsschirm des Tagtraumes verlagert. Die Objektbeziehungen manifestieren sich in Symbolen oder in einer Altersregression. Leuner spricht statt von einer Übertragungsneurose von einer Projektionsneurose.

Der Patient setzt sich auf der Bühne des Tagtraumes unmittelbar mit den Beziehungspersonen auseinander und durchlebt und -leidet die Situation verbal und nicht selten taktil. Der Patient verhält sich so eigenständig wie möglich und stellt sich den auftretenden Gefahren und Schwierigkeiten. Statt ihnen aus dem Weg zu gehen, soll er sie als eine Form des Durcharbeitens akzeptieren.

Wenn Leuner auch die klassischen psychoanalytischen Lehrsätze anerkennt, sieht er doch einen entscheidenden Unterschied beim Tagtraum. Freud sprach vom Denken in Bildern. Danach werden Denkkategorien des reifen Ich auf bildhafte Kategorien des regressiven symbolisierenden Ich angewandt. Das ist inadäquat. Bilder stellen wir uns vor, wenn dem Primärvorgang gefolgt wird. Leuner sieht so die Imaginationen als eigenständiges Phänomen, eine spezifische Art der frühen Entwicklungsstufe, sich auszudrücken. Im Traum und im Tagtraum findet die Symbolisation vorwiegend in primitivem, archaischem Milieu statt. Die große Chance des Tagtraumes liegt in der Verschiebbarkeit der libidinösen Besetzung der Inhalte. Wird diese Besetzung verändert, ergibt sich eine strukturelle Neuordnung. Der Tagtraum wandelt die Struktur von der Primärrichtung zur Sekundärorganisation. Die Funktion der Symbolisation ist eine Leistung des Ich. Deshalb meint Leuner, daß die Imaginationen theoretisch nur unter dem Aspekt der psychoanalytischen Ich-Psychologie verstanden werden können. Insgesamt findet es Leuner zweifelhaft, daß die Grundkonflikte bei der relativ kurzen Behandlungszeit gelöst werden. Das Verfahren scheint aber doch eine Kompensation von neurotischen Symptomen und Charakterstörungen zu ermöglichen.

4.2 Imagination mit Jungschem Hintergrund

Maass (1981, 1984) übernimmt eine modifizierte Form des Imaginationsverfahrens nach Leuner und arbeitet auf einem Jungschen Verständnishintergrund. C. G. Jung hat die Psyche als ein sich selbst regulierendes energetisches System von unabsehbarer Ausdehnung bezeichnet. Neben dem Bewußtsein unterscheidet er das persönliche und das kollektive Unbewußte. Entscheidend ist, daß das Unbewußte eine Struktur hat. Dies wird in den Imaginationen sichtbar. Das Unbewußte setzt sich aus Komplexen zusammen. In einer späteren Phase meint Jung, daß diese Komplexe an sich normal seien. Krankhafte Erscheinungen entstehen erst durch Störungen in den Verbindungen zwischen einem Komplex und dem Ich. Jeder Komplex ist energiegeladen und manifestiert sich dementsprechend als Gefühl. Diese Komplexe können sich in Träumen oder Imaginationen personifizieren. Jung benannte diese verschiedenen Figuren. Alle Gestalten, die dem gleichen Geschlecht angehören wie das Ich, werden als Schatten bezeichnet. Die Figuren des anderen Geschlechts sind die Anima beim Mann, der Animus bei der Frau. Die Psyche in der Gesamtheit ist auf ein Zentrum ausgerichtet, das Jung als Selbst bezeichnet hat.

In den Imaginationen bildet sich nun die innere Struktur der Psyche ab. Maass unterscheidet häufig mehrere Schichten, so als seien sie räumlich übereinander angeordnet. Neben einen Weg, Auf- oder Abstieg etwa, kann die Zeit treten, die verschiedene Strukturen trennt. Oft wird die dem Bewußtsein am nächsten liegende Schicht von Menschen bewohnt. In einer tieferen Schicht leben Tiere, welche die Instinktsphäre repräsentieren. Die tiefste Schicht hat magischen Charakter und ist belebt von Märchenfiguren und mythologischen Gestalten. Diese auftretenden Figuren haben Symbolcharakter und sind Elemente der inneren Struktur.

Wichtig bei diesem Verfahren ist, daß die Imaginationen als konkrete, quasi reale, lebendige Bilder erlebt werden. Ebenso wichtig ist, daß sich das Ich als vollständige Person in die Bilder hineinbringt und daß alle Figuren autonom handeln. Imaginationen und Phantasien sind also nicht das gleiche. In einer Phantasiegeschichte kann der Ablauf einer Handlung vom Ich manipuliert werden, das imaginierte Geschehen ist aber autonom.

Die von Maass bevorzugte Methode verfolgt das Ziel, die im Unbewußten latent vorhandenen Selbstheilungstendenzen anzuregen. Das Unbewußte vieler Menschen zeigt eine natürliche Neigung, sich in märchenhaften oder mythologischen Bildern auszudrücken. Aus diesem Grunde schlägt Maass vor, die Imagination mit dem Bild eines Märchenwaldes zu beginnen und die Handlung dann autonom ablaufen zu lassen. Im Gegensatz zu Leuner bestimmt hier also das Unbewußte den weiteren Verlauf und nicht der Therapeut mit seinen verschiedenen Standardmotiven. Die Bilder drücken sich dann in einer Symbolsprache aus. Demzufolge erfordert das Verstehen eine Übersetzung. So ist z. B. der Märchenwald gar kein richtiger Wald, sondern ein Bild für das Unbewußte. Die Vorstellung, in einer Märchenwelt zu sein, erleichtert das Ausschalten der rationalen Kritik und läßt Widerstände gegen das Irrationale schwerer aufkommen.

Der Sinn der Imaginationen besteht darin, Fehler in der inneren Struktur aufzudecken und Korrekturen herbeizuführen. Das Ich muß sich dazu aktiv beteiligen. Zentral ist dabei eine notwendige Änderung der Einstellung des Ich. Das Unbewußte scheint eine natürliche Neigung zu haben, die Stufenleiter des ursprünglichen Reifungsprozesses abzutasten, wobei die Knotenpunkte erkennbar werden. Der Patient hat also Erlebnisse, die ihn beeindrucken und sein Ich verändern. Ebenso muß er innere Widerstände überwinden. Jede längere Imaginationsserie führt so zum Aufbau einer relativ feststehenden inneren Struktur.

Für den Therapeuten ergibt sich aus der Betrachtung der Struktur ein größeres Verständnis für die Widerstände und Abwehrreaktionen. Gleichzeitig verlieren die kausalen Zusammenhänge an Bedeutung. Die Patienten lernen, die Verantwortung für die eigene Person zu übernehmen, unabhängig von der Frage nach der Ursache ihres Leidens.

Wenn das Ich in der Imagination einen Bezirk entdeckt, der von der Umgebung abgeschnitten ist, z. B. eine einsame Insel oder eine tiefe Höhle, so stellt dieser Ort mit seinen Bewohnern einen abgespaltenen Komplex dar. Wenn es gelingt, die fehlende Verbindung herzustellen, wird der Komplex an das Gesamtsystem angeschlossen. Das bedeutet eine Strukturänderung innerhalb der Psyche.

Das Ich ist auch ein Komplex mit einer inneren Struktur. Sie wird erkennbar an der Art, wie die Gegensätze im Bild erscheinen. Besonders bedeutsam sind dabei die Gegensatzpaare Gut/Böse und männlich/weiblich. Die Wahrnehmung der Gegensätze im Bild wird vom Gefühl als Konflikt erlebt. Das unentwickelte Ich neigt dazu, sich mit einer Seite des Gegensatzes zu identifizieren und die andere Seite abzuspalten. Eine echte Konfliktlösung ist aber nur möglich, wenn das Ich lernt, beide Seiten zu akzeptieren und im Gleichgewicht zu halten. Wenn das in der Imagination gelingt, zeigt es eine Änderung in der Ich-Struktur im Sinne einer Reifung an.

Dies wird in allen möglichen Variationen in den Bildern dargestellt. Der Hauptunterschied im Verfahren nach Maass gegenüber Leuner besteht darin, daß bei ersterem eine Strukturänderung der Persönlichkeit des Patienten angestrebt wird, nicht nur eine Entlastung einer aktuellen Symptomatik. Dazu ist es nötig, eine Widerstandsanalyse durchzuführen, in deren Rahmen der Patient seine Einstellungen ändert.

Eine vertiefte Zusammenstellung über Jungs Bemerkungen zur Imagination gibt Ammann (1978). Für Ammann selber ist die Imaginationsmethode allerdings nur ein zusätzliches Hilfsmittel für besondere Situationen innerhalb der Therapie, etwa dort, wo tieferliegendes Material bearbeitet werden soll.

M. v. Beit (1981) hat sich speziell mit dem Symbolgehalt von Märchenfiguren befaßt. Nach dieser Auffassung repräsentieren die Märchenfiguren verschiedene psychische Instanzen derselben Persönlichkeit. Die Handlung entspricht einer psychischen Entwicklung.

In der Figur des magischen Greises etwa sind nicht die persönlichen Züge des realen Vaters, sondern ist das geistig, schöpferische und führende allgemeingültige Element vorhanden. Dies kann in Form des alten Weisen, des Königs, aber auch als Feuer oder Sonne erscheinen. Die große Mutter ist der Urgrund des Lebens, die nährende Kraft, aber auch das Verschlingende und das Unbewußte schlechthin. Die Problematik um die Mutterimago ist in den Märchen am häufigsten und ist z. B. in Dornröschen, Schneewittchen und Rotkäppchen dargestellt. Als Verkörperung taucht hier die Mutter, Hexe, Höhle oder die Erde auf. Der dämonische Sohn, die Schattenfigur, bestimmt über den weiteren Verlauf des Märchens, der Umgang des Helden mit dieser Figur ist entscheidend; sie tritt auf als Bruder, aber auch als Dämon, Gaukler oder Waldgeist. Die zauberische Tochter repräsentiert nach Jung die Anima. Auch sie ist natürlich in gegensätzlichen Aspekten dargestellt, etwa als schöne Prinzessin oder Hexentochter. Die Anima ist meist erlösungsbedürftig.

4.3 Imaginationen im daseinsanalytischen Verständnis

Menschliches Dasein ist schon von Grund auf bezogen auf die Welt. Von der Welt können wir nur sprechen, weil es Menschen gibt. All das, was die Welt ausmacht, stellt sich dem Menschen dar, sofern er dafür offen ist. Nun gibt es verschiedene Erlebnisweisen, die Welt zu erfahren. Im Wachsein ist der Mensch auf seine konkrete Umwelt bezogen, aber auch auf seine Phantasiewelt. Im Träumen ist der Mensch ebenso in einer wirklichen Welt und erfährt diese beim Erwachen und Erinnern im Modus des Sichvergegenwärtigens. Sie ist zwar nicht mehr räumlich faßbar da, aber trotzdem nicht verschwunden. Nach wie vor steht der Erwachende beim Erinnern in Beziehung zu dem Geträumten.

Ebensowenig verschwindet die Welt, wenn ein Patient mit geschlossenen Augen imaginieren will. Auch so vergegenwärtigt sich ihm seine Welt. Er ist sogar nach wie vor so stark bezogen auf das, was ihm vorschwebt, daß dieses unter anderem visuell erfaßbar ist. Dies sind die »Bilder«. In Tat und Wahrheit sind es natürlich keine Bilder, die erscheinen. Es ist auch nicht eine Art Film, der, wie Leuner meint, ungefähr ein Meter vor dem Auge abläuft. Es sind die Gegebenheiten der Welt selber, die erscheinen. Das Vernehmenkönnen dieser Gegebenheiten ist möglich, weil der Patient trotz geschlossener Augen ein offenständiges Wesen bleibt. Wir vernehmen etwas nicht deshalb, weil wir Sinnesorgane haben. Weil wir primär vernehmende Wesen sind, haben wir Sinnesorgane. Auch ist darum möglich, daß in den Imaginationen Sachen erscheinen, die es scheinbar nicht gibt. Einen fliegenden Drachen etwa gibt es lediglich in unserer »normalen« Wachwelt nicht. Nicht einmal das ist ganz richtig, denn er kann sich uns in der »Phantasie« vergegenwärtigen und erst recht in einer Imagination. So wie das Traumgeschehen wirklich ist, so deutlich zeigt sich, daß zu unserer Welt nicht nur das objektiv Zähl- und Meßbare gehört, sondern auch dasjenige, was sich uns in anderer Weise darstellt.

Von diesem Verständnis her kann vielleicht der Unterschied von Phantasie und Imagination noch präziser gefaßt werden. In der Imagination läßt sich der Patient im Vergleich zur Phantasie stärker auf den Bezug zum erscheinenden Phänomen ein. Der Imaginierende läßt sich von diesem her so beanspruchen, wie es das Phänomen von sich aus nahelegt. In der Phantasie ist der Umgang mit dem erscheinenden Phänomen eher von einem subjektiven Standpunkt her bestimmt. Die Imaginationen sprechen die Beziehung zur ganzheitlichen Welt aus bzw. *sind* diese Beziehungen. Der Patient vernimmt seine Welt in einer je besonderen Art und Weise. Ist es z. B. eine Wiese, so vernimmt er aus dem vollen Bedeutungsgehalt mit den tausendfältigen Verweisungen jene Aspekte, die seiner Offenheit entsprechen. Das Phänomen Wiese ist somit immer schon mehr, als es das Symbol Wiese für dies oder das sein könnte. Ebenso wird sich dem Therapeuten eine Wiese vergegenwärtigen, die *seiner* Offenheit gemäß erscheint. Der Therapeut vergegenwärtigt sich aber auch jene Wiese, die der Klient beschreibt und nimmt so an dessen Welt teil. Die Geschichtlichkeit und die Stimmung des Patienten sind u. a. dafür maßgeblich, für welche Wiese er offen ist. War das Leben des Klienten reich an schönen Erfahrungen, wird es ihm möglich sein, die Wiese ebenso reich an Blumen oder von Tieren bewohnt zu erleben. Ein eingeengtes Leben des Patienten wird ihm die Wiese karg und leblos erscheinen lassen.

Ein Baum etwa ist auch in der Imagination ein Baum. Er meint nicht eigentlich die Person des Klienten oder sonst ein Ding. Dies wäre ein symbolisches Verständnis. Daseinsanalytisch kann aber gefragt werden: Was zeigt sich dem Klienten, wie zeigt sich das und wie reagiert er darauf? Dies klingt simpler als es ist. In unserem Beispiel gibt es nämlich nicht nur einen Baum »an sich«. Auch er steht in einer Welt und kann nur durch diese leben. Seine reifen Früchte verweisen zudem auf die Wärme des Sommers, seine blattlosen Äste auf die Kälte des Winters. Es ist dann das Warm- oder Kaltsein, das sich dem Imagierenden durch den Baum ebenso aufdrängt wie die Form und Struktur seines Baumes. An diesem Sein nimmt der Patient teil, es ist seine Welt und damit seine »Psyche«. Das »Psychische« ist nicht etwas anderes als die »Bilder«, die erscheinen. Die erscheinende Welt muß daher auch nicht in eine von ihr getrennte psychische Bedeutung zurückübersetzt werden. Umgekehrt läßt sich der Zusammenhang zwischen psychischer Befindlichkeit und den Imaginationen so formulieren, daß die Grundstimmung des Klienten einen Eröffnungscharakter für die zu erscheinende Welt hat. Das eigene Sein, das Dasein, macht es möglich, daß die vorgestellten Phänomene in ihrer Art dieser Stimmung entsprechen. Alles, was sich in den Imaginationen zeigt, ist wirklich und gehört zur Welt des Patienten. Er ist darauf bezogen und dadurch existiert er erst. Die Wirklichkeit der Phänomene ist in deren Sinn auszulegen. Ein Reden von einem Hinausprojizieren unbewußter Inhalte wird somit überflüssig. Daß die Phänomene durch Abwehrvorgänge »gefiltert« werden und so z. B. eine nur schöne Wiese erscheint, ist ein anderes Kapitel.

Imaginationen sind, so gesehen, »Einfälle« von Dingen, Tieren oder Menschen in die Welt des Patienten. Boss (1982) sagt zu solchen Einfällen allgemein, daß das so in unsere Welt hinein Gefallene zumeist nicht den Anwesenheitscharakter von gegenwärtig sinnenhaft Wahrnehmbarem hat, sondern sich im Anwesenheitsmodus einer Vergegenwärtigung von etwas Heutigem, Gewesenem oder Zukünftigem zeigt. Daß solche Einfälle sich überhaupt melden, weist darauf hin, daß dem Analysanden potentiell größere Möglichkeiten des Vernehmens und Verhaltens zugehören als er sich bisher anzueignen vermochte. In der Gestalt eines Einfalls zeigt sich die Möglichkeit einer größeren Weltoffenheit. Nun ist es aber so, daß entgegen einer landläufigen Vorstellung die Einfälle nicht schon zuvor in Gestalt von Wünschen, Erinnerungen und Affekten in einem durch den Widerstand abgeriegelten Bereich vorhanden waren und dann mit dem Auflösen des Widerstandes im Bewußtsein auftauchen. Vielmehr wird das, was sich zeigt, immer in einer besonderen Stimmung zugelassen. Diese Stimmung ist nicht etwas von den Dingen Getrenntes. So nehmen wir etwas als Bedrohendes oder Geliebtes wahr. Einfälle sind stets ein Verhalten gegenüber Gegebenheiten, die aus dem Offenen erscheinen wollen. In einem mangelhaften Vollzug menschlicher Offenständigkeit kann sich nur noch Weniges entbergen. Gerade das Eigentlichste einer menschlichen Existenz bleibt hier »unentborgen« in der Verborgenheit, und zwar nicht in einem innerpsychischen Ort, dem Unbewußten, sondern im Sinne einer Verborgenheit einer uns unzulänglichen Dunkelheit, aus der her alles Seiende entlassen wird.

5 *Die Imaginationstherapie*

Imaginationstherapie ist ein analytisches Verfahren, dem als Basis ein Menschenverständnis zugrunde liegt, das mit tiefenpsychologischen Konzepten beschrieben werden kann. Neben einem psychoanalytischen und jungianischen Verständnis eignet sich dazu vor allem ein daseinsanalytisches Verständnis; es bietet eine phänomenologische Methode, mit welcher die Bedeutung der Imaginationsinhalte verstanden werden kann. Diese sind analog der daseinsanalytischen Traumauslegung zu handhaben. Der Unterschied zur Traumdeutung besteht darin, daß der Klient im Wachzustand – über Stunden hinweg – eine aktive Rolle im Tagtraum übernimmt. Der Therapeut kann dann fragen: Was bildet sich überhaupt in der Welt des Imaginierenden heraus, wie und in welcher Stimmung bildet es sich heraus und wie reagiert der Klient darauf? Was ist die Bedeutung des Erscheinenden und auf was verweist das Phänomen? Was von all dem geht dem Klienten und was geht dem Therapeuten auf? In welche Bezüge räumt sich der Klient zu seiner Welt ein, wie zeitigt er sein Dasein, wie ist seine Stimmung, wie sind seine mitmenschlichen Bezüge, wie verhält er sich leiblich zu dem ihm Begegnenden? Damit wird die Enge oder Weite des Offenständigseins angezeigt. Die therapeutische Anwendung dieses Verstehens geschieht direkt in der aktiven Imagination selber. Die daseinsanalytische Philosophie bietet mit ihrer Kennzeichnung menschlicher Existenz als »Hüter des Seins« eine grundlegende Leitlinie zur Therapie; »Hüter des Seins« heißt: Beziehung bewahren und aufbauen, alles zum Vorschein kommen lassen, was zu sein begehrt, kein Vorrang einer bestimmten Verhaltensweise gegenüber einer andern als wirklichere oder eigentlichere, keine Vernichtung dessen, worauf man bezogen ist.

5.1 Zur Indikation und zum Beginn der Behandlung

Leuner wendet das katathyme Bilderleben bei Neurosen und psychosomatischen Krankheiten sowohl bei Kindern wie auch bei Erwachsenen an. Kontraindikationen sind sehr niedrige Intelligenz, Zwangsneurosen, hirnorganische Syndrome, Psychosen und psychosenahe Zustände, ausgeprägte depressive Verstimmungen und ausgesprochen hysterische Neurosen.

Die Erfahrungen und Beispiele in dieser Arbeit stützen sich auf Patienten mit Neurosen inklusive frühen Störungen, psychosomatischen Störungen, Anorexien und Sekundärstörungen bei leichten hirnorganischen Störungen. Schwierig zu behandeln sind Patienten mit emotionaler Frühverwahrlosung. Eine Imagination kommt zwar zustande, eine Auseinandersetzung innerhalb eines Ablaufs findet aber nur schwer statt.

Es ist am besten, mit den Imaginationen schon in der ersten Therapiestunde nach einer Abklärung zu beginnen. Der äußere Rahmen wird dadurch festgelegt. Eine spätere Umstellung von einer reinen Gesprächs- zu einer Imaginationstherapie kann eine unnötige Angst vor der Umstellung und vor dem Neuen provozieren. Dies schließt allerdings nicht aus, daß es einen Punkt oder eine Phase geben kann, wo das Absetzen der Imaginationen sinnvoll ist, und zwar meistens dann, wenn im Verlauf einer Serie die Angst zu groß wird. Bei Kindern ist grundsätzlich ein sitzendes Setting angezeigt, bei Älteren die Couchlage. Selbstverständlich kann oder muß dies je nach individueller Notwendigkeit modifiziert werden.

Der Beginn ist bei fast allen Klienten problemlos, wenn ein fließender Übergang von einfachen Elementen der Visualisierung bis zum Einstiegsmotiv schrittweise aufgebaut wird. Zuerst können Figuren mit offenen Augen gezeichnet werden, dann mit geschlossenen. In einem zweiten Schritt können Gegenstände aus dem Zimmer visualisiert werden, dann solche, die zwar gut bekannt sind, sich aber außerhalb des Zimmers befinden. Schließlich ist es eine gute Übung, das Wiesenmotiv anzuregen. Der Klient soll sich vorstellen, er sei auf einer Wiese. Er kann das Gras spüren und seine Umgebung beschreiben. Über den Wald ist es ein kleiner Schritt zum Märchenwald oder Schlaraffenland, wo alles möglich ist. In diesem Wald soll der Patient ein Tier suchen und ihm sagen, er sei das erste Mal hier und kenne noch nichts von all dem. Das Tier hingegen sei hier zu Hause und solle nun dem Klienten seine Welt zeigen und ihn führen.

Mit dem Märchenwald ist ein Vorstellungsmotiv gegeben, das die archaische Stufe der magischen Welt und ebenso eine möglichst große Freiheit aller möglichen Verhaltensweisen anklingen läßt. Die magische Stufe entspricht dem Bedürfnis der Jüngeren bei Kindertherapien und fördert die Regression. Es ist zugleich die Stufe, auf der Entwicklungsverzögerungen und Fixierungen angesiedelt sind. Dies ist das Zentrale an diesem Vorstellungsmotiv. Von daher muß es nicht zwingend der Märchenwald sein, und es macht auch nichts, wenn er ausgespart wird. Geschieht dies allerdings aus Abwehrgründen, klammern sich viele Patienten an die Realität. Sie wollen dann z. B. in eine Stadt einkaufen gehen. Es ist also nicht so, daß der Märchenwald eine Gefahr für den Realitätsbezug darstellt und die magische Stufe eine solche für eine bleibende Regression ist. Im Gegenteil ist es wichtig, daß der Patient von seiner gewohnten Tagesrealität und seinen eingeschliffenen Verhaltensweisen wegkommt und sich dem gänzlich Neuen und Unbekannten stellt. Von daher mag es nötig sein, die Geschichte mehr als einmal zu beginnen, um auf diese archaische Stufe zu gelangen. In der Folge wird der Patient mit geschlossenen Augen eine Art Fortsetzungsroman entwickeln, nachdem in der folgenden Stunde das zuletzt Passierte und vom Therapeuten Aufgeschriebene rekapituliert wird. Das Ganze ist eingebettet als Teil in eine Therapiestunde, wo einerseits Platz für Gespräche über Aktuelles und andererseits – je nachdem – Zeit für das Besprechen der Imagination bleibt.

Gleich wie bei Leuner ist damit das Sicheinlassen auf die Dinge, Tiere oder Menschen der Welt im Modus des Sichvergegenwärtigens und des handelnd aktiven Erlebens. Im Gegensatz zu den primär verbalen Therapien ist der Kontakt zum »Unbewußten« von Anfang an sehr stark. Es tritt stärker als in einer normalen Alltagssituation hervor, seine »innere« Welt liegt sofort offen.

Anders als bei Leuner bestimmt nicht der Therapeut subjektiv das Motiv, das vorgegeben wird, abgesehen natürlich vom Einstiegsmotiv. Es ist somit nicht der Therapeut, der weiß, wie sich der Fortgang entwickelt, sondern der Patient. Die *ihm* wichtigen Bezüge werden sich automatisch entwickeln, wenn der Therapeut eine analytische Haltung einnimmt. Es kann aber sinnvoll sein, Leuners Regieprinzipien aufzunehmen.

Gleich wie bei Maass basieren die Beispiele in dieser Arbeit auf dieser »Selbststeuerung«. Der Unterschied betrifft die grundlegende Philosophie. Maass sagt: Alles, was in den Imaginationen vorkommt, ist ein Teil der Psyche des Patienten. In Anlehnung an eine phänomenologisch-daseinsanalytische Auffassung ist nun alles, was in den Imaginationen vorkommt, ein Teil der Welt des Patienten. Ein weiterer Unterschied besteht hinsichtlich der Problematik von Symbol und Phänomen. In der ersteren Auffassung ist alles, was vorkommt, ein Symbol. Der Wald etwa meint in Wirklichkeit gar keinen Wald, sondern das Unbewußte des Patienten. Die phänomenologische Auffassung faßt alles, was vorkommt, als Phänomen auf. Phänomene sind *wirklich.* Ein Wald, der in den Imaginationen vorkommt, ist ein wirklicher Wald. Wirklichkeit kann sich aber auf verschiedene Weisen darstellen. Der Unterschied zu einem »richtigen« Wald besteht darin, daß dieser letztere *sinnenhaft* präsent ist. Ein imaginierter Wald ist in anderer Form da. Der Patient vergegenwärtigt sich den Wald. Damit verwandelt sich der Wald aber nicht in etwas grundsätzlich anderes. Beide Auffassungen können sich aber wieder nahe kommen, wenn unter Psyche die Welt verstanden wird und wenn weiter der volle Bedeutungsgehalt eines Waldes und dessen Verweisungen jenes benennen, das auch das Symbol als Bedeutung benennt. Der Vorteil der phänomenologischen Auffassung liegt darin, daß sie von einem Normalbürger nachvollzogen werden kann. Symbolische Bedeutungen dagegen liegen nicht auf der Hand. Ich habe keine Ahnung, was eine Katze symbolisch bedeutet, wenn mir das nicht jemand sagt.

5.2 Die Interventionen

Die Intervention, das Dazwischenkommen des Therapeuten in eine Imagination, umfaßt all das, was der Therapeut zur Imagination beiträgt. Im Gegensatz dazu ist nie genau klar, was eine Deutung ist. Entscheidend ist bei einer phänomenologisch orientierten Imaginationstherapie, daß über den Inhalt der Imagination nicht psychologistisch oder gar metapsychologisch erklärend geredet wird. Es besteht dazu nicht nur kein Anlaß, sondern dies ist für eine Therapie kaum hilfreich. Wahrscheinlich kommt der Wunsch, psychologistisch erklären zu wollen, aus einem Kausalitätsbedürfnis des Therapeuten. Würde dieser etwa sagen, daß eine erscheinende schwarze Kuh im Grunde genommen die böse Mutter des Patienten symbolisiere, wird im besten Fall psychologisierendes Reden über einen Sachverhalt erreicht, besonders dann, wenn der weitere Verlauf dieser Meinung scheinbar recht gibt. Psychologistische »Warum«-Deutungen meinen auch nicht die Motivzusammenhänge. Sie würden dagegen eine psychische Begebenheit als Ursache dafür suchen, daß auf einer Imaginationswiese eine Kuh ist. Für die Therapie wäre damit wenig gewonnen, weil das Verhältnis des Imaginierenden zur Kuh nicht in einer direkten Weise befragt wird. In der Imagination ist entscheidend, daß zwischen dem Patienten und der Kuh etwas passiert, und zwar auf einer konkreten Ebene, die nicht entschärft und relativiert wird durch psychologische Überlegungen. Vielleicht gibt es Therapeuten, die diese Überlegungen für sich machen, dies ist aber primär ein Akt des Theoretisierens und kann nur Hilfsmittel für die Therapie von seiten des Therapeuten sein, nicht aber von seiten des Patienten. Die Imagination in phänomenologischer Sicht läßt den Therapeuten die Frage stellen, wie das In-der-Welt-sein des Patienten ist. Dafür fragt er nach der Bedeutung und den Verweisungen des Imaginierten. Die eine Art des Intervenierens bezieht sich auf die konkrete Imagination selbst. In einem zweiten Schritt kann aber die Imagination auch dafür verwendet werden zu fragen, wie sich die Imaginationswelt zur Alltagswelt des Patienten verhält. Ist sie gleich oder anders, gibt es analoge Situationen in der Alltagswelt, sowie sie in der Imagination erstmals erscheinen. Als Antwort hören wir ja und nein. Im ersten Fall gibt es eine Entsprechung zwischen Imagination und Alltag. Die Imagination dient dann dazu, neue Lösungsmöglichkeiten zu üben. Im zweiten Fall liegt vielfach der Verdacht einer Verleugnung nahe. Die Imagination dient dann dazu, Gegensätze zu schaffen und erstmals auf Ambivalenzen aufmerksam zu machen. Man kann sagen, daß der Patient in der Alltagswelt in einer bestimmten Situation so und so ist, in der Imaginationswelt dagegen ganz anders. Wie kommt es, daß der Patient in zwei Welten lebt, die scheinbar nichts miteinander zu tun haben? Ebenso ist es möglich, nach dem Verhältnis der Imagination mit dem Nachttraum zu fragen. Geschehen da ähnliche Sachen oder ganz andere? Passiert im Schlaftraum, in der Wachwelt und in der Imagination ganz verschiedenes, ist dies vielleicht ein Hinweis für eine starke Kontrolle oder eine Zensurierung der Imagination? Es wird dann wichtig werden, auf die Echtheit der Imagination im Gegensatz zu Phantasien zu achten. Das Erreichen der Imaginationsebene ist dann wichtiger als der Inhalt der Imagination. Vielleicht ist die Angst zu groß, und es ist hilfreich, auf eine verbesserte Beziehung zum Klienten hinzuarbeiten.

Interventionen während einer Imaginationsserie sind begründbar. Sie basieren auf einer Reihe von Faktoren und beeinflussen den Fortgang der Therapie ganz entscheidend. Die Palette reicht von nur wenigen Hinweisen bei weitgehender autonomer Gestaltung seitens des Patienten bis zu stark strukturierenden Eingriffen des Therapeuten. Inhaltlich reichen sie von Nachfragen bei Unklarheiten bis zu einer konfrontativen Widerstandsanalyse.

Die erste Schwierigkeit besteht darin, von reinen Phantasieprodukten zu echten Imaginationen zu kommen. Reine Phantasien wirken oberflächlich, sprunghaft bezüglich räumlicher und zeitlicher Ereignisse und lassen v. a. nichts von einer Anstrengung erkennen, die der Imaginierende im Umgang mit dem ihm Begegnenden zu leisten hätte. Realitätsnahe Geschichten sind dazu inhaltliche Entsprechungen. Unterbrechungen sind hier notwendig, ebenso wie das Nachfragen nach den präzisen Details der Imaginationswelt. Konkrete optische und akustische sinnliche Erfahrung, genaue Farbangaben und taktile Wahrnehmungen weisen dagegen auf echte Imaginationen. So kann es notwendig sein, direkt aufzufordern, zu spüren, zu schauen, zu riechen und zu tasten. Bei Sprüngen im Ablauf soll Schritt für Schritt ganz konkret weitergegangen werden. Diese erste Phase ist bei einigen Patienten schon recht schwierig, und es kann viel Energie und Geduld brauchen, bis dies gelernt wurde. Bei anderen Patienten hingegen kann eine Imagination in der ersten Stunde optimal laufen.

Das Nachfragen nach größerer Klarheit, auch bei inhaltlichen Unstimmigkeiten, ist eine erste Bedingung für das Verstehen des Therapeuten. Er nimmt dabei teil an der Welt des Klienten. Neben dem Verstehen dessen, was überhaupt in der Welt der Imagination auftauchen kann, und der Art und Weise, wie der Klient darauf reagiert, ist die Stimmung von allergrößter Bedeutung. Fragen, wie dem Klienten jetzt zumute sei, was er dabei empfinde, wie die anderen und er selber gefühlsmäßig wirken oder dreinschauen, beschreiben die Weise des Gestimmtseins.

Durch dieses Verstehen des Therapeuten ergibt sich ein therapeutisches »Gefälle«. Es ist nicht notwendig, daß der

Klient das gleiche versteht wie der Therapeut. In diesem »Gefälle« zwischen Klient und Therapeut liegt der Raum für eine größere mögliche Offenheit für den Klienten, ebenso ist es der Raum, wo sich der Widerstand entwickeln wird.

Die Aufgabe in der Imagination ist es, sich dem dort Auftauchenden und Erscheinenden so zu stellen, wie es diese Erscheinung von sich selbst her beansprucht. Sich stellen heißt erstens, eine Beziehung herstellen, und zweitens, sich dabei in der Einstellung zum Begegnenden ändern. Eine Änderung ist deshalb notwendig, weil in der Imagination genauso wie im bisherigen Leben die gleichen eingeschliffenen Verhaltensweisen als Reaktionsmuster zum Zuge kommen wollen. Im Gegensatz dazu ist ein Entwicklungsprozeß dann möglich, wenn einmal anders als bisher reagiert wird.

Die Aufnahme einer Beziehung ist unter Umständen mit beträchtlicher Angst verbunden. Ein Fuchs, ein Wolf oder eine Hexe, wenn nicht gar der Teufel sind in der Tat Wesen, vor denen man am liebsten davonlaufen würde. Normalerweise wollen dies die Klienten in der Imagination auch tun. Im realen Leben täte man evtl. auch gut daran, so zu handeln. In der Imagination ist dies anders. Soll eine Entwicklung stattfinden, muß der Kontakt zu diesen Figuren gesucht werden. In dieser Auseinandersetzung werden innere Widerstände und Angst überwunden. Interessant und unerwartet ist dabei, daß, wenn der Klient dieses »Böse« akzeptiert, es sich wandelt.

Es ist auch für den Patienten einleuchtend, daß ihm die Flucht vor diesen Figuren nichts nützt, weil er jederzeit damit rechnen muß, sie im Wald wieder anzutreffen. Der Nachteil wäre höchstens der, daß der Patient die ganze Zeit in einer Angst leben muß, daß dies demnächst passiert. Eine Wandlung des Bösen kann damit anfangen, daß der Klient ihm standhält, sich für die angstmachenden Wesen interessiert, sie vielleicht füttert oder ihnen seine Hilfe anbietet.

Interventionen während einer Imagination zielen also darauf ab, Unklarheiten inhaltlicher Art zu präzisieren, die Grundstimmung festzuhalten und Ausflüchte in die Phantasie zu stoppen.

Inhaltlich ist ein evtl. notwendiger Richtungswechsel schwieriger zu bestimmen. Erst nach einer Sequenz, nicht aber zuvor, ist ersichtlich, ob der Ablauf zu einer Verarbeitung eines Problems führt. Es ist daher leichter, die inhaltliche Thematik während einer Stunde nicht zu stoppen, sondern jeweils anfangs der folgenden Stunde zu entscheiden, ob die Marschrichtung geändert werden soll oder nicht. Diese Entscheidung ist nicht willkürlich und vom subjektiven Belieben des Therapeuten abhängig, sondern bestimmt sich durch den Anspruch der inhaltlichen Thematik. Ebenso ist von entscheidender Bedeutung für eine Intervention das optimale Verhältnis von »einspringender« und »vorspringender« Fürsorge. Heidegger (1972, S. 122) spricht von diesen beiden Möglichkeiten der Fürsorge: Die einspringende Fürsorge nimmt dem anderen die »Sorge« gleichsam ab und übernimmt das Besorgen an seiner Stelle. Da dieser Fürsorge für den andern übernimmt, wird der Betroffene aus seiner Stelle geworfen und tritt zurück. Nachträglich kann er das Besorgte als fertig Verfügbares übernehmen oder sich ganz davon entlasten. Diese Fürsorge macht den anderen zum Abhängigen und Beherrschten, wobei die Herrschaft für ihn stillschweigend und verborgen bleiben kann.

Die andere Möglichkeit der Fürsorge springt für den anderen nicht so sehr ein. Sie versucht, dem existentiellen Seinkönnen des anderen »vorauszuspringen« und nicht, ihm die »Sorge« abzunehmen. Vielmehr gibt sie diese als solche zurück und verhilft dem anderen dazu, in seiner Sorge für sie frei zu werden. Die vorspringende Fürsorge denkt sich in die Zukünftigkeit des anderen hinein und hilft ihm, sich selbst zu finden. Dies ist die analytische Haltung. Während einer Imagination spielt sie eine hervorragende Rolle, die auch das kleinste »hm« des Therapeuten zu bestimmen vermag. Andererseits heißt das aber nicht, daß in einer Therapie kein Raum für spontanen Austausch wäre.

5.3 Der Widerstand

Eine Intervention besonderer Art bezieht sich darauf, wie mit Widerständen umgegangen wird. Widerstandsanalayse ist das Kernstück der Imaginationstherapie. Solange keine Widerstände bearbeitet werden, solange ergibt sich keine Strukturänderung. Widerstand ist nach Boss (1982, S. 113 ff.) unwahrhaftiges Reden – Reden soweit verstanden, daß auch Schweigen und Gebärden dazu gehören. Spricht der Patient von dem, was ihn jetzt angeht, und spricht er so davon, wie es ihn angeht, ist sein Reden wahrhaftig. Spricht er von anderem und anders, dann verschließt er sich der ihm gegebenen Möglichkeit größerer Wahrhaftigkeit: er widersteht.

Das Widerstehen ist gegen Einfälle gerichtet, die im begrenzten Offenheitsraum des Patienten keinen Platz finden. Einfallen können Gedanken, Erinnerungen und Vorstellungen. Dies sind keine innerpsychischen Gebilde, sondern Gegebenheiten der Welt selber. Sie zeigen sich dem Klienten in ihrer Bedeutung, wenn auch anfangs in ganz vager Weise, im Modus einer Vergegenwärtigung von etwas Heutigem, Gewesenen oder Zukünftigen. Der Patient ist darauf bezogen und davon in Anspruch genommen. Widerstand gegen Einfälle ist ein Verhalten gegenüber Gegebenheiten aus der Welt des Patienten, der jenes Zum-Vorschein-Kommen durch ein Ab- und Wegsehen von ihnen zu verhindern sucht. Daß solche Einfälle sich überhaupt melden, zeigt, daß dem Analysanden potentiell größere Möglichkeiten des Vernehmens und Verhaltens zugehören als er sich bisher anzueignen vermochte. Im Widerstehen ist der Analysand auf das, was sich meldet, als auf etwas zu Meidendes bezogen. Das, wovon er sich abwendet, ist nicht als solches erfaßt, ist nicht zunächst in einer Zuwendung entdeckt. Der Analysand ist diesem Verhalten selber ausgeliefert, es »geschieht ihm«.

Wichtig ist dabei die Auffassung, daß sich die abgewehrten Wünsche, Erinnerungen und Affekte nicht einfach als isolierte Dinge in einem vom Widerstand abgeriegelten Bereich befinden, wo sie durch die Widerstandsanalyse bewußt werden.

Statt dessen bedeutet ein Wunsch oder ein Affekt: es ist das wünschende und gestimmte Bezogensein des Menschen auf etwas. Dieses Etwas ist vom Wunsch oder der Stimmung nicht zu trennen und gehört zur Welt des Patienten. Das Zulassen des bisher Abgewehrten geschieht nicht nur im Bewußtmachen, sondern mittels Sichvertrautmachen und durch Ausprobieren. Es braucht Geduld und Energie, um einerseits den Widerstand sich entwickeln zu lassen und andererseits an ihm nicht vorbeizugehen. Zum ersten Schritt gehört ein Freiraum für den Patienten, der z. B. mit Interventionen in offener Frageform unterstützt werden kann. Dies kann für eventuelle Vorschläge für das Aufnehmen einer bestimmten Problematik gelten. Deutungen können selten helfen, wenn der Patient innerlich nicht selber dazu bereit ist. Andererseits darf an manifestierten Widerstandsphänomenen nicht vorbeigegangen werden. Dazu gehört erstens die Zuversicht des Therapeuten, daß die auftauchende Angst oder Aggression zu bewältigen ist und nicht ins Chaos führt. Dabei kann ein Klient sehr gefordert werden, aber die Zumutungen und Versagungen an ihn dürfen darum verlangt werden, weil er schlußendlich einen Entwicklungsschritt gewinnt.

Besonders bei Kindern mag die Versuchung auftauchen, diesen die schwierigen Konfrontationen zu ersparen und statt dessen mit ihnen ein Spiel zu machen. Dies würde heißen, den Widerstand mitzuagieren und dem Kind eine Einfühlung entgegenzubringen, die ihm nichts nützt. Einfühlung und Konfrontation schließen sich nicht aus, sondern das erstere ist Voraussetzung für letzteres. Der Therapeut kann nie genug Empathie entwickeln. Bildlich gesprochen ist es vielleicht so, daß eine genügende Empathie dem Therapeuten ermöglicht, den hinter dem Widerstand liegenden Kern des Klienten zu erreichen und sich mit ihm zu verbünden. Von dort aus ist es leichter, das Widerstandsproblem ausführlich zu besprechen und als etwas darzustellen, bei dem der Klient sich selber im Wege steht. Das Widerstandsphänomen wird mit jener Problematik in Zusammenhang stehen, weswegen jemand zur Behandlung kommt. Die Imagination, die aktuelle Schwierigkeit im Leben und die aktuelle therapeutische Beziehung und Situation ist der Rahmen, wo ganz konkret gezeigt werden kann, welche Schwierigkeit besteht, wie der Klient darauf reagiert und daß er in der Imagination zu lernen hat, wie dies zu lösen ist.

Der Vorteil der Imagination besteht darin, daß sie ein Übungsfeld ist, auf dem unabhängig von einer Verursachung eine Schwierigkeit im Hier und Jetzt offenbar wird und neue Möglichkeiten eingeübt werden. Dies muß immer wieder geschehen; es ist ein Durcharbeiten im besten Sinne des Wortes. Allerdings ist dies kein bloß verhaltenstherapeutisches Training, weil mit dem Durcharbeiten eine Strukturänderung der Persönlichkeit anvisiert wird. Besteht Widerwillen, mit der Imagination weiterzufahren, kann die aktuelle Imaginationsproblematik hervorgehoben werden. Obwohl sich der Widerstand auf etwas Zukünftiges bezieht, ist das Unangenehme schon ansatzweise da. Es ist wichtig, daß der Klient merkt, daß es wegen dieser ihn betreffenden Problematik schwierig wird, daß es aber genau dies ist, was ihn hierher geführt hat und weswegen er nicht mehr ausweichen kann. Der Respekt vor dieser Schwierigkeit und diesem Dilemma, vielleicht die averbale Botschaft, daß es schon weitergeht, sind die Grundlagen, um Widerstandsphänomene auch verbal ausführlich zu behandeln. Dies hat Vorrang vor einer Weiterführung der Imagination. Konkret kann das heißen, daß bei Widerstandsphänomenen eine Imagination »wie geschmiert« läuft, der Therapeut aber deren Abwehrcharakter spürt. Oder es läuft beispielsweise »harzig« und mit Phantasien vermischt; der Klient fragt, wie lange man das noch mache, oder direkter, er wolle damit aufhören, die Stunde wird vergessen, oder die Imagination wird dem Therapeuten zuliebe brav gemacht. Eine besondere Form des Widerstehens besteht darin, sich einem Anspruch aus der Imaginationswelt zu verschließen. Dieses Ansprechen reicht vom »stummen« Anspruch einer verdorrten Wiese nach Bewässerung bis zur explizit ausgesprochenen Einladung, z. B. in einem Hause zu verweilen oder bei Imaginationsfiguren später wieder einmal zu Besuch zu kommen. Auch hier kann eine direkte Intervention angebracht sein, um eine aufkeimende Beziehung aufrechtzuerhalten.

5.4 Die Übertragung

Kommt die Übertragung bei der Imagination auch vor? Ja und nein; nein in dem Sinne, daß die Übertragung im klassischen Sinn bei der Imagination nicht so eine bedeutende Rolle spielt. Sie spielt aber auch eine Rolle. Doch zunächst zeigt sich die Übertragung direkt in der Imagination. In der alten Sprache könnte man sagen, die Übertragung ist die Projektion der Bilder in der Imagination. Sachgerechter ausgedrückt heißt Übertragung hier: so wie der Patient bis anhin beziehungsmäßig in der Welt stand, so steht er auch jetzt in der Imaginationswelt. Die von außen gesehen scheinbar inadäquaten Reaktionsweisen, die in der klassischen Analyse den Therapeuten betreffen, treffen in analoger Art die Figuren der Imaginationswelt. Damit ist ein entscheidender Unterschied beschrieben. In der klassischen Analyse ist der Therapeut *eine* Person, der Patient eine andere. In der Imagination dagegen sind die auftauchenden Figuren nicht im vergleichbaren Sinn eigenständige Figuren, sondern sie erscheinen so, wie der Patient sie erscheinen lassen kann. Das primäre Arbeitsmedium ist somit nicht die Beziehung zum Therapeuten, sondern die Auseinandersetzung zwischen den Imaginationsfiguren. Dennoch läßt sich aber nicht sagen, daß die Beziehung Therapeut–Patient in der Imagination keine Rolle spielt. Die Beziehung bleibt so oder so eine wichtige Grundlage, auf der sich Imagination überhaupt entwickelt. Die Beziehung ist sogar besonders naher Art. Zwischenmenschliche Beziehung ist ein Mitsein bei denselben Dingen einer gemeinsamen Welt. In der Imagination nimmt der Therapeut in besonders eindrücklicher Weise an der Welt des Patienten teil und teilt diese mit ihm. Jeder Schritt ist eine »Mehrung« dieses

Mitseins. Beide, Therapeut und Patient, sind bezogen auf das gleiche sich Zeigende. Die Beziehung spielt aber auch abgesehen von der reinen Imaginationszeit eine große Rolle für den Fortgang. Die Grundstimmung des Klienten bestimmt die Imagination. Dieser Grundstimmung steht der Therapeut gegenüber mit *seinem* Gestimmtsein. Diese Stimmung hat einen Eröffnungscharakter für die Imagination und dessen muß der Therapeut eingedenk sein. Eine gute Beziehung zum Patienten ist deshalb Voraussetzung der Therapie, Beziehung geschieht so in jeder Imagination. Zugleich ist damit zu rechnen, daß die klassischen Übertragungsphänomene auch den Therapeuten angehen, weil er ja nicht nur die ganze Stunde Imaginationen zuläßt. Die Imagination ist ein Teil der Stunde, der andere Teil ist vergleichbar mit üblichen Therapiesituationen. Auch hier ist es möglich, daß Übertragungsphänomene auftauchen.

Zusammenfassend läßt sich sagen, daß Imaginationstherapie ein therapeutisches Verfahren ist, das eine aufdeckende Widerstandsanalyse ins Zentrum stellt. Inhaltlich können die Imaginationen ebenso wie Träume verstanden werden. Eine daseinsanalytisch fundierte Imaginationstherapie wird besonderen Wert auf ein daseinsgemäßes Menschenbild als Basis der Therapie legen. Sie wird beeinflußt vom Verständnis, wonach der Mensch »Hüter des Seins« ist. Ein optimales Verhältnis von vor- bzw. einspringender Fürsorge ebenso wie eine phänomenologische Auslegung der Imaginationsinhalte bestimmen weiter die Therapie. Dabei kann es hilfreich sein, auf psychologisch Bedeutsames zu achten; was ist für einen Entwicklungsprozeß besonders wichtig? Hinweise aus der Psychologie des Selbst, der Objektbeziehungstheorie und der Ich-Psychologie können Anhaltspunkte liefern. Zur therapeutischen Anwendung der Imagination gehört Verschiedenes. Imaginationen sind ein Mittel zur Auslegung und Assoziation, ebenso zum Gewähren wie zum Konfrontieren.

Zur Abwehrdeutung gehört die Bearbeitung des Widerstands. Es kann weiter nach analogen Situationen im Alltagsleben gefragt werden. Imaginationen eignen sich offenbar ebenso als

Mittel zum Strukturaufbau wie zur Bearbeitung von Triebkonflikten auf einem neurotischen Niveau.

5.5 Das Bedeutsame für die Strukturbildung

Was ist in einer Imagination psychologisch bedeutsam? Die Frage ist recht brisant, weil damit eine Wertung verbunden ist. Ist eine Verhaltensweise gegenüber einer anderen wichtiger? Ja und nein. Nein darum, weil in phänomenologischer Sicht eine Verhaltensweise gegenüber einer anderen nicht einfach die »eigentlichere« oder »wirklichere« ist. Alle Weisen des Verhaltens sind gleich autochthon. Es kommt nicht darauf an, hinter einem gewöhnlichen Verhalten die bewirkenden und darum wichtigeren Sachverhalte zu bestimmen. In der Psychoanalyse ist das anders. Dort fallen z. B. den aggressiven und libidinösen Strebungen bestimmende Rollen zu. Die phänomenologische Sicht erlaubt es dagegen, einem breiteren Spektrum von Verhaltensweisen eine gleich ernsthafte Aufmerksamkeit entgegenzubringen. In diesem Sinne ist eine Wertung nicht gerechtfertigt. Auf der anderen Seite ist es einleuchtend, daß es das psychologisch Bedeutsame dennoch gibt. Es ist dasjenige, was einen Entwicklungsprozeß in Gang setzen kann. Anders gefragt: Wo ist in den Imaginationen zu sehen, daß ein Entwicklungsrückstand, ein Stillstand oder eine Fehlentwicklung stattgefunden hat?

Wenn in einer Imagination tausend Sachen passieren, gibt es darunter solche, die für einen Entwicklungsprozeß des Klienten wichtig sind, und andere, die weniger wichtig sind. Dies ist nicht damit zu verwechseln, daß der Therapeut eine Wertung in dem Sinne vollzieht, daß eine Verhaltensweise wichtiger oder ursprünglicher als eine andere ist. Es geht darum, daß ein Entwicklungsprozeß in Gang gesetzt wird. Dazu ist es nötig zu wissen, in welchen Strukturen einer Imagination eine Entwicklungsfixierung enthalten ist. Die Strukturbildung läßt sich an verschiedenen Entwicklungslinien darstellen. Das Wissen und das Verständnis für diese Problematik beeinflußt die Therapie insofern, als daß der Therapeut sensibilisiert wird für spezifische Phänomene innerhalb einer Imaginationsserie. Fixierungen und Entwicklungsrückstände zeigen sich nicht direkt in eindeutigen Zuordnungen zu bestimmten Bildern der Imagination. Es gibt aber Strukturen, die in den Imaginationen auffallen. Darunter ist zu verstehen, wie sich ihr Inhalt, ihre Art und Weise, sich zu manifestieren, sich zur Gesamtexistenz inklusive Wach- und Traumleben des Klienten verhält. Es gibt Imaginationen, die laufen in spezifischer Weise ab. Hinweise aus der Entwicklungspsychologie können den Therapeuten sensibilisieren, das für einen Entwicklungsprozeß Bedeutsame zu sehen und es zur Sprache zu bringen. Der Zusammenhang von entwicklungspsychologischen Phänomenen und den Imaginationen ist durch die Geschichtlichkeit des menschlichen Daseins gegeben. In jedem Augenblick zeitigt das Dasein im Hier und Jetzt auch seine ganze Geschichte, sei dies wissentlich oder in verdecktunbewußter Weise. Die ganze Geschichtlichkeit ist im jetzigen Verhalten mit enthalten. Von daher wird auch eine lebensgeschichtlich erworbene Fixierung in den Verhaltensweisen der Imagination eine Fixierung bleiben. Das psychologisch Bedeutsame hat somit die Funktion einer Frage. Man kann sich als Therapeut möglicherweise darauf sensibilisieren, einen Sachverhalt zu sehen, den man ohne diese Sensibilisierung nicht sieht.

In Anlehnung an Blanck können Imaginationen zum Zweck der Strukturbildung eingesetzt werden. Tatsächlich werden mit ihnen latente Fähigkeiten entwickelt. Imaginieren heißt, Wahrnehmung, Gedächtnis, Antizipation und Affektdifferenzierung anzuregen.

Faßt man die wesentlichen Gedanken bezüglich der Entwicklung von Mahler und Kernberg zusammen, geht es um 2 Entwicklungslinien; erstens jene der positiven und negativen Besetzung und zweitens jene der Differenzierung von Selbst und Objekt. Noch einmal zusammengefaßt heißt dies:

In der symbiotischen Phase werden affektive Bindungen diffus wahrgenommen. Diese Affektvorstellung enthält erste positive Anteile. Die negativen Affekte erscheinen außerhalb der Selbst-Objekt-Einheit. Dies bedeutet eine Spaltung, d. h. es wird eine negative Besetzung aufrechterhalten, die außerhalb einer positiv besetzten Selbst-Objekt-Einheit liegt.

In der Differenzierungssubphase sind positive Besetzungen hauptsächlich im undifferenzierten Teil der Einheit nach wie vor enthalten.

In der Übungsphase nimmt die positive Besetzung der Selbstrepräsentanzen zu. Negative Besetzungen werden nach wie vor erlebt, und zwar außerhalb der Einheit.

In der Wiederannäherungsphase ist die Selbst-Objekt-Einheit noch nicht ganz differenziert. Allerdings sind hier erstmals die Selbstbilder positiv und auch negativ besetzt. Ebenso werden erstmals die Objektrepräsentanzen positiv und negativ besetzt. Die Selbstbilder sind jetzt weitgehend getrennt von den Objektbildern. Objekt/Selbst kann also sowohl positiv, als auch negativ erlebt werden.

Am Schluß der Entwicklung ist das Selbst vom Objekt getrennt.

Als Übergang ist hier ein Hinweis von Hicklin (1984) sehr wichtig. Er meint, daß Gesundsein als Offensein für das Begegnende heißt, daß der Betreffende nicht einfach nach dem Entweder-oder- oder Gut-böse-Prinzip fährt. Kernbergs Entwicklungsschema erscheint dem Autor deshalb eher ein Beispiel wichtiger Beziehungsmuster zu sein. Es berührt nicht nur Borderlinepatienten, sondern alle seelischen Krankheitsformen.

Obiges Entwicklungsschema kann deshalb aufgefaßt werden als ein Hinweis, daß es Strukturen gibt, die man nennen könnte:

1. Verschmelzung vs. Trennung und
2. gut vs. böse; ebenso spielt
3. der Gegensatz männlich–weiblich eine wichtige Rolle und es erlangen
4. die narzißtischen Phänomene und
5. die Entwicklungslinien nach Blanck u. Blanck eine spezielle Bedeutung.

Die Aufgabe für den Patienten ist nach Maass (1981) die Strukturierung der aus dem Unbewußten auftauchenden Inhalte. Sie erhalten ihre Struktur, indem sie in gegensätzliche Aspekte zerlegt werden.

1. Verschmelzung vs. Trennung

In der Oralität bzw. der symbiotischen Phase sind Mutter und Kind eine Einheit. Die Entwicklungsaufgabe ist es, diese Zweiheit zu trennen. Diese Struktur zeigt sich in Imaginationen in Verschmelzungen. Ein Beispiel dazu sind Tierverschmelzungen, etwa eine Kuh mit einem Löwen oder ein Krokodil mit einem Elefanten. Gegensätze sind bei einer solchen Struktur erst ansatzweise da. Sie müssen entwickelt werden. Wichtig ist dabei, auf die Art der Besetzung zu achten: Wo ist das Positive, wo das Negative lokalisiert? In dieser Phase ist vielfach alles gut, das Böse hat keinen Platz. In der Imagination muß als Aufgabe dem Bösen Platz gewährt werden.

2. Gut vs. böse

Ein zweiter Typ von Verschmelzungen entspricht dem analen Stadium. Hier kommt der Gegensatz von gut und böse ins Spiel. Fixierungen zeigen sich in Verschmelzungen mit positiver und negativer Besetzung gleichzeitig. In der Imagination erscheint z. B. ein Wesen, das gleichzeitig gut und böse ist. Maass hat die Geschichte beschrieben, in der ein Richter gleichzeitig ein Mörder ist. Diese Verschmelzung muß getrennt werden. Sie zeigt an, daß ein Problem besteht, dem nachgegangen werden soll. Es wird sich eine Trennung jener Art entwikkeln, daß die eine Figur negativ besetzt wird, die andere positiv. Beide Figuren wollen gleich akzeptiert werden.

Gleichzeitig ist dabei die Besetzung des Imaginierenden selbst angesprochen. Nur er selbst, nicht die Imaginationsfiguren, darf gleichzeitig gut und böse sein. Das heißt, daß er ambivalente Gefühle ertragen zu lernen hat und nicht entweder nur von positiven oder nur von negativen Gefühlen erfüllt sein darf.

Neben den beiden Gegensätzen Verschmelzung–Trennung und Gut–Böse gibt es weitere Phänomene, die in spezifischer Weise auffallen. Es ist der Gegensatz männlich–weiblich, narzißtische Phänomene und Probleme um die Entwicklungslinien.

3. Männlich vs. weiblich

Obwohl eigentliche ödipale Situationen in Übereinstimmung mit der Erfahrung von Leuner und Maass selten oder nie in Imaginationen auftreten, ist ein weiterer Gegensatz - männlich–weiblich - sehr wichtig. Es zeigt sich, daß das Verhältnis männlich–weiblich auf einer breiteren Ebene in der Tat eine große Bedeutung hat. Die Problematik taucht normalerweise erst dann auf, wenn die Polarität gut–böse schon zur Sprache kam, ist aber oft mit ihr verknüpft; z. B. so, daß das Böse mit dem eigenen Geschlecht gekoppelt ist. Ein Patient kann sich mit dem eigenen Geschlecht identifizieren oder aber mit dem Gegengeschlecht. Der ideale Standort liegt zwischen den Gegensätzen. Dabei entsteht ein echtes Gleichgewicht und damit die Freiheit für bewußtes Handeln.

Die Triebsphäre im engeren Sinne wird bearbeitet in der Beziehung zur animalen Welt. Dazu gehören Pferde, Hunde, Wölfe etc. Vielfach werden diese Tiere abgelehnt, obwohl sie auftauchen. Die abgewehrte Beziehung zu ihnen sollte deshalb in eine akzeptierende Beziehung umgewandelt werden.

Die Auseinandersetzung männlich–weiblich kann auf der Tier- oder Menschenebene erfolgen.

4. Die narzißtische Linie

Blanck u. Blanck (1980, S. 198) beschreiben die narzißtischen Formationen in den einzelnen Phasen bis zur Objektkonstanz.

In der symbiotischen Phase besteht die Selbst-Objekt-Einheit, der die Möglichkeit zur Selbst-Objekt-Auseinandersetzung fehlt. In der Subphase der Differenzierung besteht eine narzißtische Formation darin, daß die Selbstbilder vorzeitig differenziert werden, die mit omnipotenten Objektbildern verschmolzen sind. Dadurch entsteht keine Möglichkeit mehr zu einer weiteren Selbst-Objekt-Auseinandersetzung.

In der Übungsphase wird eine Pseudounabhängigkeit erreicht, und zwar mit Hilfe von Idealisierung verschmolzener Selbst-Objekt-Bilder. Eine geringfügige Selbst-Objekt-Auseinandersetzung hat stattgefunden, erlischt aber wieder.

In der Subphase der Wiederannäherung besteht eine pathologische Selbst-Objekt-Einheit mit geringfügiger Differenzierung zwischen Selbst- und Objektbildern.

Auf dem Weg zur Objektkonstanz besetzt ein normaler sekundärer Narzißmus gleichmäßig verteilt die Selbst- und die Objektrepräsentanzen. Diese wurden erreicht durch eine realistische Selbst-Objekt-Auseinandersetzung.

In den Imaginationen wird eine Selbst-Objekt-Einheit nicht sichtbar. Sie teilt sich auf in verschiedene Beziehungsfiguren. Narzißtische Phänomene zeigen sich in Mischfiguren oder Mischtieren. Auch mächtige Figuren wie Riesen und Könige spielen eine Rolle. Daneben sind die Inhalte angstvoll und aggressiv getönt. Die Gegensätze gut–böse und männlich-weiblich treten ebenfalls auf. Gelegentlich zeigt sich eine größere Instabilität in einem schnellen Umkippen der Besetzung. Was erst etwas Negatives war, ist plötzlich etwas Positives. Der Imaginierende muß auch mit diesen Misch- oder Machtfiguren Kontakt aufnehmen, sich aber weder von ihnen zerstören noch aufsaugen lassen. Der Imaginierende soll »bei sich selber bleiben« und sich z. B. nicht etwa in einen Riesen verwandeln.

In Anlehnung an Masterson wird in der Imagination ein Grundschema nicht wiederholt, das früher möglicherweise einen Entwicklungsrückstand gefördert hat. Wenn früher regressives oder progressives Verhalten von den Erzieherpersonen unterschiedlich bewertet wurde, wird der Therapeut dieses Verhalten nicht mit unterstützender bzw. entziehender Zuwendung koppeln. Damit wird eine Neuorientierung des Patienten gefördert.

5. Phänomene um die Entwicklungslinien nach Blanck u. Blanck

Blanck u. Blanck sehen in der Differenzierung der Objekt- von den Selbstbildern eine wesentliche Aufgabe der Psychotherapie. In den Imaginationen erscheinen die Objektbilder in konkreten Figuren. Das Selbstbild kommt in der eigenen Rolle im Ablauf des Geschehens zum Tragen. Die Auseinandersetzung zwischen dem Klienten und den Figuren seiner Welt wird in den Imaginationen aktiviert. Die Auseinandersetzung bedeutet auch eine Differenzierung im obigen Sinne. Eine Eigenständigkeit wird beständig eingeübt. Damit wird keine Unabhängigkeit vom Objekt erreicht, aber eine vermehrte Abgrenzung und damit Freiheit. Imaginieren bedeutet eine Ich-Leistung. Unbewußtes Bezogensein wird thematisiert und damit offengelegt. Thematisieren und verbalisieren bedeutet einen Fortschritt Richtung Sekundärprozeß. Dies ist einer Fragmentierung des Denkens entgegengesetzt. Eine mögliche Gefahr zur Fragmentierung mißt sich an der Fähigkeit des Klienten, Situationen trotz Angst zu bewältigen. Eine Fragmentierung würde evtl. dann eintreten, wenn in den Imaginationen bloß archaische Inhalte provoziert werden, ohne daß der Patient angehalten wird, eine Beziehung zu diesen Inhalten aufzubauen, oder wenn der Klient in destruktiver Weise mit dem Begegnenden umgehen würde. In der Tat wird mit der aktiven Rolle eine unmittelbare Impulsabfuhr gedämpft. Statt dessen werden Antizipation, Aufschub und Urteilsfähigkeit als Charakteristiken einer vermittelnden Funktion und Kontrolle des Klienten wichtig. Ebenso wird mit der Bearbeitung des Gegensatzes männlich-weiblich die Geschlechtsidentität gefestigt. In besonderer Weise wird auf die Angstbearbeitung Wert gelegt. Im Extremfall können Todesbedrohungen und Existenzängste angesprochen werden. Sie werden aber in den Imaginationen nicht in dem Ausmaß provoziert, wie dies in einem Angstanfall im Alltag entsprechen würde. Im Normalfall wird der Klient in einer Bedrohungssituation auch nicht tatsächlich »vernichtet«. Wenn ein Raubfisch einem Klienten droht, ihn in der Imagination aufzufressen, kann er z. B. im Magen des Fisches weiterleben und von dort wiederum einen Ausweg suchen. Dies hat ebenso zu tun mit der Überzeugung des Therapeuten, daß es keine Vernichtung, sondern nur Wandlung gibt. Es ist eine Ausnahme, wenn aufgrund der Angst die weitere Entwicklung unmöglich wird und die Imagination abgesetzt werden muß. Die aktive Auseinandersetzung mit Angstfiguren zeigt auf, wie diese Figuren besänftigt werden können. Beim Beachten der Grundstimmung wird deutlich, daß mit der Ausweitung der Welt von »gut« und »böse« die Welt auch in einer anderen Stimmung erlebt wird. Die Ausweitung des affektiven Repertoires ist wichtig. Reine Gegensätzlichkeiten, die auch stimmungsmäßig dementsprechend erlebt werden, machen Ambivalenzen Platz. Die Spaltung von »gut« und »böse« wird bearbeitet und lockert sich auf. Der Grundsatz, daß zu den Figuren in den Imaginationen eine Beziehung gesucht und aufgebaut wird, ist zentral. Es ist gut, wenn diese Kontakte während einer ganzen Serie im Auge behalten werden. Gehen sie verloren, kann danach gefragt werden. Dieses Prinzip entspricht jenem der Objektkonstanz. Die Verschiebung von der Suche nach dem primären Objekt zur Übertragungsfähigkeit, nachdem ganze Objektrepräsentanzen aufgebaut worden sind, spiegelt sich einerseits im Problem der Verschmelzung/Trennung und andererseits in der Beziehungsaufnahme zu den Figuren der Imagination wider.

Die Abwehr zeigt sich als Reaktion auf die Erscheinungen der Imaginationswelt. Beliebt ist das Intellektualisieren. Spaltung und Verdrängung zeigt sich in dem, was überhaupt erscheint und was nicht.

5.6 Besonderheiten bei Kindertherapien

Einen guten Überblick über die Entwicklung der Psychoanalyse zu verschiedenen Formen von Kindertherapien gibt Marmon (1979). Nur kurz angesprochen seien folgende Stationen:

Eine Pionierin der Kinderpsychotherapie war Anna Freud. Sie modifizierte die Psychoanalyse in einigen Punkten. Insbesondere können Kinder nicht frei assoziieren. An die Stelle der Assoziation tritt das freie Spiel. Ebensowenig entwickelt das Kind nach A. Freud eine eigentliche Übertragungsneurose, sondern lediglich einzelne Übertragungsreaktionen. Die Beziehung zum Therapeuten hat nicht den Charakter von frühen Objektbeziehungen. Wichtig ist die Deutung von Tagträumen. A. Freud übernimmt die Traumdeutung ohne Einschränkung vom Vorgehen in der Erwachsenenanalyse. Um die Diagnose stellen zu können, entwirft A. Freud ein metapsychologisches Entwicklungsbild nach topischen, dynamischen, ökonomischen und genetischen Gesichtspunkten. Außer den Träumen deutet sie in der Therapie Widerstand, Übertragungsreaktionen und pathologische Abwehr. Das Spiel ist dabei Hilfsmittel zur aktiven Konfliktbewältigung. Dabei soll sich eine Veränderung der Wechselwirkungen zwischen Es, Ich, und Über-Ich ergeben.

Melanie Klein vertritt die Auffassung, daß der orale Sadismus mit Abschluß der Entwöhnung seinen Höhepunkt erreicht. Das Kind sei aggressiv gegen den Körper seiner Mutter. Auf dieser frühen prägenitalen Stufe siedelt Klein die Frühstadien des Ödipuskomplexes an. Damit in Zusammenhang stehe die Über-Ich-Entwicklung. Nach der oralen Versagung durch das Abstillen trete Angst auf, die auf ein äußeres Objekt projiziert werde. Der äußeren Gefahr sucht sich das frühe Ich durch Zerstörung des Objekts zu erwehren. In der Spieltherapie werden v. a. Ängste und Konflikte bearbeitet. Übertragungsreaktionen sollen mit genetischen Deutungen angegangen werden, so daß sich Angst und Schuldgefühle auflösen

H. Zulliger beobachtete, daß das Denken der Kinder prälogisch ist und dadurch dem Traum sehr nahesteht. Die Gegenstände der kindlichen Umwelt werden als belebt und vermenschlicht erlebt. Das Spiel ist für das Kind eine Darstellungsmöglichkeit der inneren Erlebniswelt, die die Kleinen noch nicht so sehr von der äußeren Realität unterscheiden. Die Therapie spielt sich demzufolge auf der magischen Ebene der Spielsprache ab. Auf die Deutung unbewußter Inhalte und psychischer Zusammenhänge verzichtet Zulliger wegen der

Gefahr einer möglichen Intellektualisierung der Therapie. Die vom Therapeuten vorgeschlagenen Konfliktlösungen werden nur über das Spiel vermittelt.

Die Kindertherapien nach Jungs Konzepten unterscheiden sich nicht so sehr in der Therapiepraxis als vielmehr durch die andere theoretische Bewertung des gestörten Eltern-Kind-Verhältnisses. Die wichtigen Elemente der Therapie sind nach wie vor das Spiel, die Bearbeitung von Träumen und das Malen von Märchen. Im Spiel zeigen sich persönliche und kollektive unbewußte Inhalte. Der Therapeut versucht, Änderungen auf der symbolischen Spielebene zu vermitteln. Gleich bildhaft lassen sich Träume darstellen. Sie können so behandelt werden, als ob es die Welt wäre, in der das Kind wirklich lebt. Wichtig wird die Amplifikation. Der Therapeut sucht zu dem vom Kind dargestellten Symbol analoges Material aus der Mythologie, um den Sinn des Symbols besser zu verstehen und zu den Archetypen vordringen zu können. Ziel ist die Wiederherstellung des seelischen Gleichgewichts, in dem die unbewußten Funktionen wirksam werden können.

Das neoanalytische Verständnis von A. Dührssen will Ängste und Verdrängungsreaktionen auflösen, um eine bessere Verarbeitung der Antriebs- und Impulswelt zu ermöglichen. Sie arbeitet mit aktiver Ermunterung und positiver Verstärkung. Ziel ist ebenso eine bessere Realitätsprüfung und eine Klärung der Position der Eltern.

Wie steht es nun mit den Imaginationen als Möglichkeit der Kindertherapie? Grundsätzlich besteht in der Anwendung dieser Therapieform zwischen Erwachsenen und Kindern kein Unterschied. Imaginationstherapie eignet sich sogar sehr gut für Kinder ab ungefähr 9 Jahren. Die meisten Beispiele im praktischen Teil dieser Arbeit stammen von Kindern und jungen Erwachsenen. Dem Kind entspricht sehr gut der magische Charakter der Imaginationsmärchen. Es ist eine kindgerechte Form der Psychotherapie. Kinder können in der Imagination Probleme thematisieren, die sie wohl kaum in einer normalen Gesprächstherapie formulieren würden oder könnten. Das besonders Befriedigende bei Kindertherapien besteht darin, daß mit einem im Vergleich zu Erwachsenentherapien relativ geringen Zeitaufwand Änderungen im Befinden zu erreichen sind. Die bestehenden Strukturen sind noch nicht so verhärtet und können leichter weiterentwickelt werden. Ein wesentlicher Unterschied zwischen Kinder- und Erwachsenentherapien betrifft die Motivation. Kinder werden immer zur Therapie *geschickt,* sie kommen nie von allein. Eine begleitende Elternarbeit ist deshalb notwendig. Zum einen ist es wichtig, die Unterstützung der Eltern für die Therapie im Hintergrund spürbar werden zu lassen. Zum anderen ist die Elternarbeit der andere Pol der Arbeit mit dem Kind. Von beiden Seiten her können die Schwierigkeiten leichter bearbeitet werden. Bei älteren Kindern oder Jugendlichen spielt die Elternarbeit eine weniger große Rolle.

5.7 *Der Schluß der Behandlung*

Der Schluß der Behandlung richtet sich nach dem, was in der Imagination bearbeitet wurde. Besonders wichtig ist die Bearbeitung der beschriebenen Gegensätze. Dabei pendelt sich ein Gleichgewicht ein zwischen den verschiedenen Polen. Der Imaginierende hat ein einigermaßen stabiles Gleichgewicht erreicht. Imaginationen sind nicht mehr ausschließlich guter oder bedrohlicher Natur. Die Widerstände wurden angegangen und verarbeitet.

Die Frage nach der Beendigung kommt vom Klienten. Vielfach kommt sie zu früh. Meistens dann, wenn die Symptomatik verschwindet. Dies ist möglich, auch wenn keine Umstrukturierung stattgefunden hat. Von daher ist es gar nicht erwünscht, daß die Symptomatik zu früh verschwindet. Das Ziel der Imaginationstherapie ist nicht nur eine Entlastung mit einem Abklingen der Symptomatik, sondern die Widerstände, die mit der Symptomatik in Zusammenhang stehen, sollen überwunden werden. Vielfach taucht der Wunsch nach Beendigung der

Therapie genau an diesem Punkt auf. Der Patient spürt, daß es nicht mehr nur angenehm ist, sondern im Gegenteil für ihn belastend und unangenehm wird, die Therapie fortzusetzen. Wenn die Symptomatik verschwunden ist, hat er scheinbar keinen Grund mehr weiterzumachen. Dies alles muß besprochen werden.

5.8 Die Erfolgskontrolle

Außer durch das Verschwinden der Symptomatik oder zumindest eine merkliche Besserung kann die Strukturveränderung anhand des Baum- und Rorschach-Tests recht einfach, aber gut kontrolliert werden. Der Baumtest zeigt ganz konkret die Strukturierung des Baumes, was analog der Strukturierung des Patienten aufgefaßt werden kann. Strukturdefekte im Baum zeigen sich in Löchern beim Übergang vom Stamm in die Krone. Ein Baum kann z. B. fast auseinanderfallen, die Äste sind dann nicht untereinander verbunden, oder es sind gar keine richtigen Hauptäste da. Auf einem neurotischen Niveau des Patienten ist die Baumzeichnung meist intakt. Stamm und Krone sind fest miteinander verbunden, die Konflikte stellen sich zwar in einer auffälligen, störend wirkenden Form und Art des Baumes dar, er hat aber keine eigentlichen Defekte mehr.

Der Rohrschach-Test zeigt gut die Art der kognitiven und emotionalen Wahrnehmung des Patienten. Niedrig Strukturierte haben archaische Angst oder Aggressionszeichen und Defekte. Bei einem guten Verlauf der Therapie verschwinden diese Zeichen, und auf einem höheren Niveau kann sich noch eine Affektverunsicherung zeigen. Auch sie kann noch bearbeitet werden. Dies entspricht dann einer neurotischen Problematik; der Strukturierungsprozeß hat dann die Bereiche, wie sie im Angelpunkt von Blanck beschrieben sind, durchlaufen.

Leuner hat in seinen Untersuchungen zu Erfolgskontrollen mit Imaginationen gezeigt, daß keine Symptomverschiebung eintritt und daß die Besserung zeitlich dauerhaft ist. Dies ist darum so, weil nach einer erfolgreichen Behandlung neue Strukturen zur Verfügung stehen.

Ein Beispiel mag dies veranschaulichen. Ein 14jähriges Mädchen mit einer anorektischen Symptomatik drückte im Rorschach-Test v. a. Angst- und Defektgefühle aus. Die folgenden Antworten verdeutlichen das. Für Interessierte ist die Signierung mit angegeben.

- *Tafel 1*
  Scherenschnitt *Gzw F+*
  ein zerschnittener Stoff *Gzw F–*
  ein zerfetzter Drachen *Gzw F+*
- *Tafel 2*
  rote Flecken *Gep Fb Schock*
  dreckige Kleiderfetzen *Ge Fbf*
  Scherenschnitt *Gzw F–*
- *Tafel 3*
  Stofffetzen *Ge F–*
  Käfer *Do F+*
  zwei Leute halten etwas *D B+*
- *Tafel 4*
  etwas mit großen Füßen *Do F+*
  unfertig gezeichneter Riese *G F+*
- *Tafel 5*
  Vogel *G F+*
- *Tafel 6*
  wie etwas aus einer Melone Geschnittenes *D HdF*
  angenagtes Blatt *G F–*
  aufgeschnittener Tierkörper *G F+*
- *Tafel 7*
  aus Kleidungsstück ist etwas herausgehauen *Gzw F–*
  zwei Hasen, die sich anschauen *D F+*
- *Tafel 8*
  Maus, die läuft *D F+*
  farbiges Geschlirg *Gep Fb*

- *Tafel 9*
  etwas Farbiges *Gep Fb Schock*
  Scherenschnitt *Gzw F–*
- *Tafel 10*
  Käfer *D F+*
  Geschlirg *Gep Fb*

Die affektive Irritation ist eindrücklich. Sie zeigt sich besonders auf den Farbtafeln teils in Schocks, teils in undifferenzierten Antworten. Nach einem Jahr Imaginationstherapie mit einer Stunde pro Wochen präsentiert sich der Test entscheidend besser:

- *Tafel 1*
  Fledermaus *G F+*
  Hände *Do F+*
  Maul von Krokodil *De F+*
  Füße von Körper und Mann *Do F–*
- *Tafel 2*
  Zwei Mäuse halten sich *D F+*
  Elefantenkopf *D F+*
  Schmetterling *D F+*
  Herz *D Fb–*
- *Tafel 3*
  zwei Menschen halten eine Kugel *D B+*
  Fliege *D F+*
  kaputte Gitarre *D F–*
  eine Pflanze ist am Wachsen *D F+*
- *Tafel 4*
  Clown mit großen Schuhen *G F+*
  Baumstamm *G F+*
- *Tafel 5*
  Schmetterling G F+
  Fledermaus *G F+*
  Maul von Krokodil *D F+*
- *Tafel 6*
  Fuchsfell *G F+*
- *Tafel 7*
  zwei Hasen schauen sich an *D F+*

- *Tafel 8*
  zwei Hyänen *D F+*
  Vogel im Sturzflug *D F–*
  Tierfell *D F+*

- *Tafel 9*
  Zwerge mit Zipfelkappe *D F+*
  Silhouette eines knienden Mannes, der Pfeife raucht *D B+*
  Kopf mit Auge *D F+*

- *Tafel 10*
  zwei Käfer *D F+*
  Spinnen mit offenen Mund *D F+*
  Spinnen *D F+*
  Wirbelsäule und Becken *D F+*
  Maske *Dzw F+*

Der Vergleich mit dem ersten Test zeigt, daß die Defektantworten mit einer Ausnahme verschwunden sind. Die affektive Befindlichkeit hat sich stabilisiert, wenn auch noch leichte Angstzeichen vorhanden sind. Die Schockreaktionen sind weggefallen. Aus dem ehemaligen »Geschlirg« sind, besonders auf der schwierigen Tafel 9, recht differenzierte Antworten geworden. Entscheidend dabei ist, daß dem Mädchen damit neue Wahrnehmungs- und Reaktionsmöglichkeiten zur Verfügung stehen.

Zur optischen Darstellung struktureller Änderungen eignet sich auch die Baumzeichnung. Ohne die Aussagen dieses Tests überschätzen zu wollen, zeigt er vielfach im Verlaufe einer Therapie deutliche Änderungen. Als Beispiel dienen die Baumzeichnungen des Jünglings, von dessen Therapie der Gesamtverlauf, nämlich die Reise nach Hydros, dargestellt ist. In der 1. Baumzeichnung vor der Therapie fallen die strukturellen Unsicherheiten sofort ins Auge. Stamm, Krone, Äste und Hülle sind nicht fest miteinander verbunden. Der Baum ist zwar groß, der Hauptast zieht sich bis in die Mitte der Krone, der Gesamtzusammenhang ist aber nicht gegeben. Die 2. Zeichnung b

a

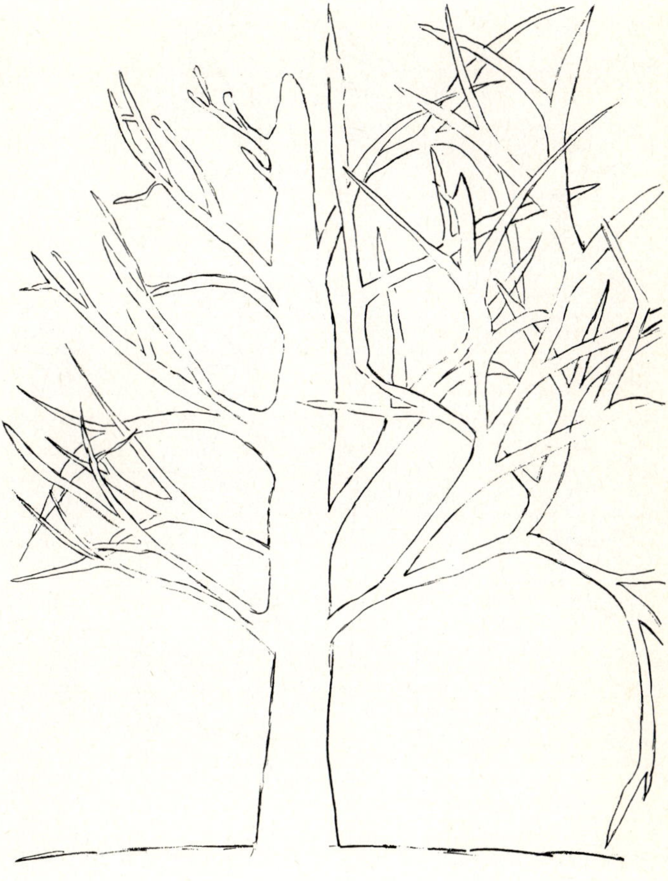

b

c

d

e

nach 22 Stunden zeigt Ansätze zu richtigen Ästen. Zwar sind noch überall Löcher vorhanden, im Gesamteindruck beginnt sich der Baum zu verfestigen. Gleichzeitig wird sichtbar, wie einzelne Äste ineinander verworren sind.

In der 3. Zeichnung c nach insgesamt 36 Stunden Therapie hat der Baum eine stabile Struktur erreicht. Die Löcher sind verschwunden, Äste und Krone sind fest miteinander verbunden. Der Grundtypus des Baumes mit dem hochgezogenen Mittelast blieb erhalten. Weiterhin sichtbar sind die plötzlichen Abbiegungen. Einzelne Äste kommen sich in die Quere. Dies zeigt an, daß noch nicht alle Probleme gelöst sind, daß die Strukturbildung aber beträchtliche Fortschritte gemacht hat.

Der 4. Baum d nach 51 Stunden zeigt eine weitere Differenzierung an. Die ganz feinen kleinen Äste wurden aus Zeitgründen nur auf der linken Seite gezeichnet. Die Nebenäste haben an Gewicht zugenommen, einzelne Verbiegungen sind aufgelöst worden. Nach wie vor besteht aber eine Einschränkung der freien Entfaltung. Es ist, wie wenn der Baum auf dem Blatt zu wenig Platz hätte.

Der 5. Baum e bei Therapieende zeigt eine einigermaßen gute Struktur. Gleichzeitig zeigt sich eine größere Klarheit im Aufbau. Die Äste haben nun vermehrt Platz für eine freie Entfaltung.

*B. Praktischer Teil mit Beispielen**

* Die folgenden Imaginationen sind Bruchstücke aus Serien und zeigen einige spezielle Aspekte von auftauchenden Schwierigkeiten und Besonderheiten. Sie veranschaulichen praktisch, was zuvor im ersten Teil theoretisch ausgeführt ist. Eine ganze Serie einer vollständigen Therapie will anschließend einen Gesamteindruck einer Entwicklung vermitteln. Die Beispiele sind möglichst wörtlich aus den Protokollen übernommen.

6 Einige Schwierigkeiten der Therapie

6.1 Das Erreichen der imaginären Ebene

Es gibt einen Unterschied zwischen Phantasien und Imaginationen. Phantasien sind eher rational gesteuerte Gedanken, die der Betreffende subjektiv gestaltet. Echte Imaginationen sind ein Geschehen, dem sich der Klient überläßt, auch wenn er darin eine Rolle spielt. Nicht immer wird zu Beginn einer Therapie diese Ebene erreicht. Unter Umständen muß dies geübt werden, indem die Unmittelbarkeit des Geschehens in allen Bereichen, z. B. in optischen, akustischen oder taktilen Empfindungen, festgehalten wird. Phantasien können viele Gesichter haben. Ein Zeichen dafür mag – gemessen am Alltag – eine große Realitätsnähe sein. Im folgenden Beispiel ist eine märchenartige Szene nicht selbständig imaginiert, sondern nur nacherzählt:

»Ein Wald ist da mit Eichhörnchen, sie spielen. Ich gehe gegen den Wald. Es hat einen Wellensittich. Hier sind verschiedene Täler mit Märchen. Hänsel und Gretel sind da. Niemand erzählt sie, jemand muß es auf der Welt erzählen, dann spielt die Geschichte ... Am anderen Morgen stehen wir auf. Ein Vogel sagt, wir suchen Futter. Ein Vogel ging zu seinem Kollegen. Er kaufte etwas ein. Der Vogel zahlte das mit Vogelgeld.«

Hier ist spürbar, daß ein Geschehen nicht unmittelbar miterlebt wird. Es ist keine konkrete Situation, die direkt motivierend wirkt. Im Gegenteil werden hier reine Gedanken vorgebracht. Der Vogeleinkauf z. B. ist ein Phantasieprodukt. Der Klient kann gar nicht wissen, was der Vogel macht, die beiden waren gar nicht zusammen.

Etwas später tönt es konkreter:

»Wir kommen zu einem breiten Fluß. Ich kann nicht fliegen, deshalb bauen wir ein Floß. Wir überqueren den Fluß. Am anderen Ufer finden wir einen schmalen Weg unter Felsen. Wasser tropft herunter. Weiter vorne ist eine Höhle. In einer Ecke hockt ein Vogel mit nassen Flügeln. Er kann nicht weiterfliegen. Er fragt uns, ob wir ihn nicht mitnehmen könnten. Er wolle sich in einem Versteck trocknen lassen. Wir sind einverstanden. In einem Gebüsch sehen wir ein altes Vogelnest. Wir legen den Vogel hinein.«

Es gelingt nicht immer, mit Nachfragen eine Geschichte zu konkretisieren. In diesem Beispiel verlief der Bau des Floßes viel zu schnell. Manchmal muß eine neue Geschichte begonnen werden. Manchmal ist es auch sinnvoll, eine Phantasiegeschichte als Einstieg in eine Imagination zu erfinden.

6.2 Das Verstehen der Imagination

Bei jeder Imagination kann gefragt werden: Wie ist die Welt des Imaginierenden? Was stellt sich ihm dar, auf was ist er bezogen? Was kann er in seine Welt lassen und was nicht? Wie ist die Grundstimmung des Patienten dabei? Wie reagiert er auf das, was ihm begegnet? Welche Bezüge zeitigt der Klient? Noch genauer, wie steht es um die Grundzüge seines Daseins, wie ist die Räumlich- und Zeitlichkeit, die Stimmung, die sozialen Möglichkeiten, wie leibt der Körper diese Beziehungen?

»Ich komme in einen Raum. Die Türe dazu ist wahnsinnig schwer zu öffnen. Drinnen ist es ganz dunkel. Es hat nur ein ganz kleines vergittertes Fenster. Der Boden ist steinig. Es kommt mir vor, wie wenn schon lange niemand mehr da war. Ich sehe Gerümpel, eine große alte Truhe. Ich mache sie auf. Es hat einen halb verrosteten Schlüssel drin. Ein Gang führt aus dem Raum weiter. Es wird da immer dunkler und enger. Ich spüre wieder eine Türe. Sie ist verschlossen, ich probiere den Schlüssel, den ich gefunden habe. Die Türe geht sehr schwer auf.«

Die Enge und Dunkelheit in dieser Imagination symbolisieren nicht irgendetwas. Das Existieren des Imaginierenden selber ist so, daß es nur der Enge und Dunkelheit Raum gibt. Das Existieren räumt sich in dieser Art zum Begegnenden ein. Dies bedeutet einen Verlust an Freiheit gegenüber weiteren Verhaltensmöglichkeiten. Allerdings bietet sich dem Dasein in einer Enge auch schon die Möglichkeit an, sich weiter aufzuschließen. Die Phänomene haben in diesem Sinne Aufforderungscharakter. So ist es vielleicht kein Zufall, daß ein Schlüssel in der Truhe zu finden ist. Die alte Truhe verweist auf die Gegebenheit, in ihr etwas aufzubewahren. Das zu Bewahrende ist dann noch da, nicht verloren, aber es wird nicht benutzt. Es wartet darauf, wieder gebraucht zu werden. In der Truhe findet sich ein alter Schlüssel, halb verrostet. Die Bedeutung des Schlüssels liegt im Auf- oder Zuschließenkönnen. Der Schlüssel verweist auf ein Schloß, das wiederum auf eine Türe, diese wiederum auf einen Raum, welcher Art auch immer. Der Raum ist das, worin man sich oder etwas einräumt. Der Schlüssel selber weist damit auf den Bezug des Schließens oder Öffnens genauso wie auf ein Sicheinräumen. Der Schlüssel ist alt und rostig. Dies verweist darauf, wie zeitlich fern das Schließen den Imaginierenden angeht. Der gefundene Schlüssel könnte damit ein Hinweis sein zu fragen, wie es um das Sicheinräumen, das Auf- und Zuschließen als Lebensbezug des Patienten bestellt ist. Tatsächlich nimmt er den Schlüssel auch in Gebrauch, und er stellt fest, wie schwer sich damit die Türe öffnen läßt, aber immerhin, sie läßt sich öffnen. Damit ist festgestellt, auf was der Imaginierende bezogen ist und wie er darauf reagiert. Es sind die Bedeutungen dieser Bezüge, die einem die Welt des Patienten verständlich machen. Lernt man, dies zu sehen, wird einem das Existieren durchsichtiger. Psychologistische Interpretationen über die Bedeutung eines Raumes oder der »wirklichen« Bedeutung einer Truhe und eines Schlüssels, etwa nach Art der psychoanalytischen Traumdeutung, scheinen im Vergleich zu einer phänomenologischen Auslegung reine Spekulation und nicht begründbar.

Menschliches Dasein ist ein ungegenständlicher Offenheitsbereich, in den hinein die Dinge, Tiere und Menschen auftreten und erscheinen können. Auf dieses Erscheinende ist der Mensch bezogen. Dieses Bezogensein macht sein Existieren aus. Ein reiches Existieren entspricht einem vielfältigen Bezogensein, ein enges Existieren entspricht einem kargen Offenheitsbereich. »Reich« oder »arm« ist allerdings nicht quantitativ zu fassen, sondern entsprechend den ureigenen Möglichkeiten des Betreffenden. Schon rein sprachlich deckt sich dieses Verständnis mit Imaginationsbeschreibungen:

»Es ist Abend, der Wald wird immer dunkler, weiter vorne sehe ich ein rotes Licht. Überall tauchen dann rote Lichter auf. Sie kommen näher und werden heller. Ich renne auf die Lichter zu, es wird mir dann wärmer. Plötzlich erlöschen alle Lichter, es wird dunkel, ich sehe nichts mehr. Dann taucht wieder ein Licht auf, ich gehe darauf zu. Es kommt aus einer Hütte, innen brennt eine Lampe.«

Diese Schilderung zeigt eindrücklich die Veränderung des Offenheits- bzw. Helligkeitsbereichs des Daseins des Imaginierenden. Dies ist zugleich das Verständnis seines Existierens. Die Geschichte braucht nicht symbolisch interpretiert zu werden. Hinter dem An- und Ausgehen des Lichts braucht nichts anderes gesucht zu werden. Die Sache bedeutet nicht eigentlich etwas anderes, das man deuten müßte. Es ist das Existieren selber, das sich in dieser Weise zeigt. Wichtig ist dagegen das Erlebenlassen dieser Einengung. Darauf soll hingewiesen werden. Der Sachverhalt wird nicht mit psychologistischen Deutungen entschärft, indem von anderen spekulativen Bedeutungen geredet würde. Auch genetische Deutungen bringen hier nichts für das Verständnis. Im obigen Beispiel wird der Bedeutungsgehalt der Hütte mit ihren Möglichkeiten bereits eine Erweiterung des Existierens bedeuten, sofern sich der Patient auf dieses Neue einlassen wird.

6.3 Das Verfolgen der problembesetzten Linie

Die angstbesetzten Gegebenheiten während einer Imagination verwandeln sich manchmal in problemlose Gestalten. Dafür tauchen neue gefährliche Figuren auf. Zu ihnen muß immer wieder neu der Kontakt gesucht werden.

»Es passiert etwas Komisches. Die Leute, die um uns herumstehen, verwandeln sich in Käfer. Jene, die in der vorderen Reihe bei der Fee stehen und in der Nähe ihres Schutzes sind, bleiben Menschen. Die Käfer gehen auf die Fee zu und bitten darum, von ihr zurückverwandelt zu werden. Die Fee kann aber nicht helfen. Statt dessen verwandeln sich die Käfer in Muscheln und Perlen. Dann wandeln sich diese schlußendlich in Raubfische. Mir ist komisch zumute.«

Diese kurze Szene stammt aus einer Serie, in der kurz zuvor ein Teufel aufgetaucht ist, der dann in einen normalen Mann verwandelt worden war. Bei der Verwandlung des Bösen verschwindet das Böse nicht völlig und gleichzeitig für immer. Eine ängstliche Grundstimmung wird durch eine Verwandlung einer ursprünglich angsterregenden Figur in einen gewöhnlichen Menschen nicht plötzlich aufgehoben. Die Verwandlung ist ein Schritt im Rahmen eines längeren Prozesses. Wenn die Imaginationen undeutlich sind oder die Figuren einem möglichen Kontakt entzogen werden, kann dies ein Hinweis für weiterbestehende Angst sein.

In diesem Beispiel taucht neben der guten Fee auch der böse Raubfisch auf. Zu ihm soll eine Beziehung gesucht werden.

»Ich frage die Raubfische, ob sie gern Würmer haben. Ich füttere die Fische damit. Langsam verwandeln sich die Raubfische wieder in Menschen. Sie sagen uns, daß es im nahen See noch weitere Muscheln gebe, die wir in Menschen zurückverwandeln müßten. Wir finden mit der Fee zusammen diese Muscheln. Nachdem sie wieder als Menschen vor uns stehen, sehen sie aus wie Chinesen. Sie sagen, daß sie früher von einem Zauberer verzaubert worden waren. Sie erzählen auch, daß der Zauberer noch lebt.«

Nachdem so den Raubfischen standgehalten wurde, verwandelten sich diese in ungefährliche Menschen. Gleichzeitig ist jetzt der Grund für eine negative Veränderung um den Zauberer lokalisiert. Er kann weiterwirken, wenn er nicht aufgesucht wird.

»Wir beschließen, den Zauberer zu suchen. Im Wald suchen wir die Höhle auf, wo früher der Teufel war. Tatsächlich erscheint dort der

Zauberer, sein Bart ist weiß, auf seinem Kleid sind Monde und Sterne. Er schaut böse, und ich fürchte mich. Die Fee meint, ich solle tapfer sein. Die Fee fragt den Zauberer, warum er solche bösen Sachen mache. Der Zauberer meint, er könne nichts dafür. Sein Vater verlange dies von ihm. Er sei selber auch Zauberer gewesen. Der Vater habe ihm nun gesagt, wenn er dies nicht genauso mache, müsse er sterben. Damit springt er wieder in die Höhle und verschwindet. Wir rufen ihn und fragen, warum er verschwinde. Der Zauberer sagt, er habe Angst vor den Menschen. Ich sage ihm auch, daß ich vor ihm Angst habe. Darauf schlägt der Zauberer vor, seinen Zauberstab zu zerbrechen, dann könne er mir nichts mehr machen, und er müßte nicht mehr Zauberer sein. Tatsächlich zerbricht er seinen Stab in ganz kleine Stücke. Jetzt ist der Zauberer ein normaler Mensch mit einem weißen Gesicht. Er schaut fröhlich und dankt der Fee, daß er endlich seinen Zauberstab zerbrochen hat. Ich sage der Fee, daß ich immer noch Angst habe. Sie sagt, ich müsse keine Angst haben, sie werde ihren Zauberstab auch zerbrechen. Sie macht das und lacht jetzt dazu. Sie brauche ihn nicht mehr, im schlimmsten Falle könne sie den Stab wieder zurückrufen.«

Die Weiterverfolgung der angstbesetzten Linie bestand darin, daß die Patientin eine Beziehung zu den nun gefährlichen Raubfischen mit Hilfe des Fütterns suchte. Dies zeitigte die Wirkung, daß sich die Raubfische in Menschen verwandeln. Tatsächlich stellt sich auch heraus, daß der Zauberer noch lebt. Es ist richtig, daß er nun gesucht wird. Die Angst wird nun an ihm ausgetragen. Die Fee hilft dabei. Es ist weiterhin gut, daß der Zauberer auf seinen magischen Zauberstab verzichtet. Dabei verwandelt sich der erst böse blickende Zauberer wiederum in einen normalen Menschen. Kurz darauf wird es aber vor den »Augen« der Patientin schwarz, sie sieht nichts mehr. Die Intervention bestand darin, darauf hinzuweisen, daß sie evtl. immer noch Angst habe und daß sie dies ruhig ausdrücken soll. Die Fee nimmt das an und verzichtet so auch auf ihre magische Macht.

6.4 Das In-Beziehung-Treten zum Abgewehrten

Eine Imaginationswelt hat die Tendenz, sich zu erweitern. Das Neue, das dann auftaucht, hat vielfach den Charakter von Gefährlichem, das es zu meiden gilt. Allerdings ist ein Patient in einem solchen Moment schon auf das Neue bezogen und hat die Aufgabe, dieses Bezogensein wissentlich zu übernehmen und zuzulassen. Dabei muß viel Energie aufgewendet werden.

Der imaginierende Knabe lebt bei einem König auf dessen Schloß und hilft bei der Renovation dieses Gebäudes. In der Nähe wurde eine Höhle mit vergrabenen Eisenbahnschienen entdeckt.

»Wir gehen wieder zu dieser Höhle und pickeln die Schienen frei. Wahrscheinlich wurden sie von einem früheren König gebaut, um Material besser aus der Höhle holen zu können. Unter der Erdverschiebung kommt eine normale Schmalspurschiene hervor. Der König, ich und der uns begleitende Chinese schauen, wo die Schienen hingehen. Sie machen einen Bogen, und wir sehen, daß die Höhle zu einem freien Loch führt. Wir sehen Häuser mit Ziegeldächern. Ist das ein neues Land? Wir schauen auf der Landkarte. Dort sind keine Schienen eingezeichnet. Es wird Mittag und wir gehen nach Hause essen. Es gibt Geschnetzeltes mit Reis. Um 2 Uhr fahren wir wieder zur Höhle. Unser Auto fährt über Steine, plötzlich bricht die Achse. Wir holen einen neuen Wagen. Beim gefundenen Ausgang der Höhle sehen wir plötzlich Männchen, die dort ein- und ausgehen. Sie verschwinden wieder, kommen erneut. Sie sehen aus wie normale Männer, aber 10 Zentimeter kleiner. Ich probiere, zu ihnen zu gehen. Sie rennen davon. Der König schlägt vor, nach Hause zu gehen und in einem Buch nachzuschauen. Tatsächlich werden sie dort als davonspringende Heinzelmännchen beschrieben. Der König will eine Falle bauen und sie evtl. ins Gefängnis werfen lassen. Es sei möglich, daß die Männchen früher in Kriege verwickelt waren. Wir stellen die Fallen beim Höhleneingang auf. Die Männchen tauchen wieder auf und rennen in die Falle. Wir fragen sie dann, warum sie vor uns so Angst haben. Sie meinen, wir dürften nicht miteinander in Berührung kommen, ansonsten würden wir sterben. Dies sei darum so, weil sie zwar genauso aussehen wie wir, aber anders gepolt seien. Sie kommen von einer anderen Welt, man wisse nicht genau woher, von einem Planeten. Wir glauben die Geschichte mit dem anderen Pol erst, als wir eine Maus in Berührung mit einem Männchen bringen. Sie stirbt sofort. Mir ist nicht so wohl dabei, und ich schaue, daß ich Abstand habe. Der König sagt, so etwas habe er bis jetzt nicht erlebt. Eventuell habe der alte König diese Männchen verwandelt, sie seien jetzt verzaubert. Wir kommen auf die Idee, daß die Verzauberung aufgehoben wird, wenn wir die Männchen durch das Höhlenloch jagen. Tatsächlich werden dabei die Männchen normal. Der Maustest bestätigt das. Einer erklärt dann, er habe nicht gewußt, daß er verzaubert gewesen sei. Früher sei Krieg gewesen, und sie seien von da an nicht älter geworden. Ich frage den König, ob die Männchen jetzt bei uns wohnen dürften. Er beschließt, für diese Gruppe einen Anbau an den Palast zu bauen. Wir müssen sie noch taufen und haben keine Angst mehr vor ihnen.«

In diesem Beispiel ist das Auftauchen der Männchen lebensgefährlich, falls man sich mit ihnen einlassen würde. Ein Kontakt zu ihnen wird erst abgewehrt. Schön ist der Sachverhalt mit den beiden unterschiedlichen Polen. Die Männchen werden aber schließlich in die Welt integriert und wandeln sich dabei. Ebenso interessant ist der Hinweis, daß Konflikte einen Entwicklungsstillstand auslösen können. Nach dem Krieg habe das Wachstum der Männchen aufgehört. Bei solchen Szenen ist förmlich zu spüren, welche Kräfte hier am Werk sind, und wie sehr der Patient um die Überwindung von Ängsten kämpfen muß, bis er es wagt, sich weiter einzulassen. Dies kommt natürlich bei schriftlichen Protokollen nicht zum Ausdruck.

6.5 Der Wunsch nach Absetzung der Imagination

Wenn nach einer anfänglichen Entlastung durch die Imagination sich die Widerstände bemerkbar machen, kommt wohl bei den meisten Patienten die Frage nach dem Absetzen der Imagination; dies geschieht in vielerlei Formen. Der Sinn der Imagination wird angezweifelt, es wird kein Fortschritt gesehen, die Geschichte wird als langweilig erlebt. Der Patient fragt oder gibt averbal zu verstehen, wie lange man das noch mache oder ob man nicht etwas anderes tun könne. Es wird versucht, die Stunde mit Gesprächen zu füllen, so daß für Imaginationen keine Zeit übrig bleiben soll und dergleichen mehr. Es ist wichtig, diese Hinweise für den Wunsch nach Absetzen der Imagination zu thematisieren und zu besprechen. Sind die entsprechenden Schwierigkeiten überwunden, wird der Patient wieder mitmachen wollen.

»Ich laufe durch den Wald und komme zu einem Waldrestaurant mit Hotel. Es ist ein schönes Plätzchen. Vor dem Haus sind Hasen und Rehe. Sie gehen nicht weg, als ich näherkomme. Ich streichle sie. Ein Reh sagt zu mir, ich solle aus diesem Hotel weg. Hier würden nur Gangster übernachten. Ich frage, wohin ich gehen soll. Das Reh meint, ich soll auf seinen Rücken sitzen. Wir laufen durch eine feuchte Gegend, es ist sumpfig. Wir gehen an schönen Familienhäuschen vorbei. In einem davon wohnen Müllersleute. Wir kommen zu einem großen Turm mit Getreidevorräten drin. Nach einer Abschrankung gelangen wir kurz in Nebel. Nachher sehen wir, daß in diesem Teil die Bäume goldig sind. Ich frage das Reh, warum niemand dieses Gold hole. Man werde verbannt, wenn sich dabei einer erwischen lasse. Inzwischen finden wir den Weg nicht mehr recht. Wir kommen wieder an eine Nebelwand von etwa 3 Metern. Dann wird die Gegend wieder schön. Es gibt hier alte Hexenhäuschen. Das Reh erzählt, daß hier noch richtige Hexen leben. Bei einem Haus sehen wir Licht. Wir schauen durchs Fenster und sehen eine Hexe und einen Zauberer. Wir wollen weggehen. Das Reh meint, die beiden warten nur darauf, bis jemand kommt, den sie verzaubern können. Ich finde ein Fuchsfell und ziehe es an. Das Reh versteckt sich hinter einem Gebüsch und ich auf einem Baum. Wir rufen die Hexe. Sie sieht den Fuchs und rennt davon. Das Reh ruft ihr zu, sie müsse keine Angst haben. Sie fragt uns, was wir suchen. Ich frage sie, ob sie zaubern könne. Ja. Ich fordere sie auf, sich zum Beweis in eine Maus zu verzaubern. Sie macht das und ich als Fuchs quäle sie. Die Maus bittet mich, damit aufzuhören. Ich antworte, daß sie erst aufhören müsse, Menschen zu quälen. Vorher gab mir die Hexe ihren Zauberstab. Sie verlangt von mir, daß ich sie damit zurück in die Hexe verwandle. Nein, du bleibst eine Maus. Sie jammert. Ich streife mein Fuchsfell ab, und die Maus erschrickt.«

In der folgenden Stunde fragt der Patient, wie lange wir noch mit dieser Geschichte weitermachen. Er wisse nicht, ob es gut sei, einfach so Märchen zu machen. Die Angst vor der Hexe, ebenso seine aktuelle Symptomatik wurden angesprochen. Eine Woche später kam der Patient zu spät und meinte, er habe die Stunde fast vergessen. Es dauerte weitere 4 Stunden, bis der Vorschlag, die Maus zurückzuverwandeln, aufgenommen wurde. Nach einer kurzen Begegnung mit Kannibalen ist die Zeit dazu reif:

»Ich verwandle die Hexe mit dem Zauberstab in ihr richtiges Leben. Gleichzeitig sehe ich, daß sie sich nicht in die ursprüngliche Hexe, sondern in eine normale Frau verwandelt. Ich will aber, daß sie nicht weiß, daß sie früher eine Hexe war. Die Frau wußte nicht, was passiert ist.«

Der Patient bestand darauf, daß die Frau von ihrer Vergangenheit als Hexe nichts mehr wußte. Natürlich wurde dies in Frage gestellt.

Es hat sich wiederum bestätigt, daß entgegen einer zeitweiligen Laune eine weitere Auseinandersetzung mit der angstmachenden Hexe dazu führt, daß sich die angstbesetzte Figur wandelt. Gleichzeitig ist damit ein Abklingen der Symptomatik verbunden.

6.6 Das Vergessen der Stunde – und deren Fortsetzung

Imaginationen können belastend sein. Besonders wenn angsterregende Inhalte auftauchen, ist es auch möglich, daß einmal eine Stunde »vergessen« wird. Es wird dann wichtig, die inhaltliche Problematik und die Belastungen zu besprechen. Das Vergessen heißt, daß im Moment die Belastung zu groß war. Wenn dies auch respektiert wird, ist es dennoch sinnvoll, nach der entsprechenden Verarbeitung mit der Serie weiterzumachen.

»Ich komme mit einem Reh vor eine Höhle. Wir sehen dort Männer mit langen Haaren und dicken Bärten. Sie scheinen Angst zu haben. Sie hantieren an einem Feuer, das Reh will wegspringen, weil es Angst hat, von den Männern gefressen zu werden. Die Männer sehen uns und wollen uns fortjagen. Sie sagen, daß sie niemanden in der Höhle haben wollen, sonst würde nämlich der Teufel kommen und sie holen. Wir gehen trotzdem in die Höhle. Ein schwarzes Ungeheuer mit einer Gabel erscheint. Es packt die Männer und verschwindet mit ihnen. Ich denke, daß der Teufel sie tötet. Das Reh und ich bekommen Angst und wir laufen weiter.«

Hier erscheint nicht nur der Teufel, vor dem sich zu ängstigen man allen Grund hat. Er wird auch als Lebensvernichter erfahren. Dies ist stark angstauslösend oder anders gesagt, die starke Angst, die schon vorher den Stimmungsbereich des Imaginierenden kennzeichnete, hat sich konkretisiert. Die Reaktion darauf zeigt die folgende Stunde:

»Wir gehen nach Hause. Meine Mutter hat verweinte Augen. Sie hat Angst um mich gehabt. Am nächsten Morgen will das Reh in den Wald zurück. Ich bleibe bei der Mutter, sie schlägt mir vor, wieder in den Wald zu gehen. Ich sage, daß ich das nicht will, weil ich lange genug im Wald gewesen bin. Wir wollen in die Stadt einkaufen gehen. Das Reh kam mir überhaupt merkwürdig vor. Es sagte mir beim Abschied, ich solle nicht mehr an es denken. Bei unserem Kennenlernen war das Reh hellbraun, am Schluß fast schwarz, es hat sich komisch gegenüber meiner Schwester, Mutter und mir benommen. Es hat ausgeschlagen.«

Die Nähe der Mutter wird wichtig. Der Imaginierende will nicht in den Wald, um keine weitere angstauslösende Begegnung mehr zu haben. Ebenso ist die stärkere Alltags- und Realitätsbezogenheit ein Mittel, um die Angst zu dämpfen. Das Einkaufen in der Stadt bietet hier einen Schutz. Gleichzeitig ist die Angst immer noch so groß, daß das Reh am Schluß auch als angstauslösend empfunden wird. Es wird schwarz und schlägt aus. Die folgende Stunde zeigt dies noch deutlicher:

»Ich gehe in den Wald und frage das Reh, warum es so komisch sei. Das Reh meint, eventuell verwandle es sich demnächst in einen Fuchs. Darum dürfe es nicht mehr mit mir zusammen sein, sonst bekomme es eine Strafe. Das Reh rennt weg. Ich gehe zur Mutter zurück. Am nächsten Tag gehe ich tief in den Wald. Ich sehe wieder das Reh. Erst ist sein Kopf wie der eines Rehes, sein Hinterteil ist wie von einem Wolf. Langsam wird der Kopf auch zu dem eines Wolfs. Es sagt, es werde gestraft, weil es mit keinem Menschen rede dürfe. Früher sei es nämlich auch ein Mensch gewesen. Es sei zu tief in den Wald gegangen. Das Reh sagt, es sei besser, wenn ich jetzt nach Hause gehe, sonst würde ich auch in ein Tier verwandelt. Wir suchen die Fee, die wir früher schon getroffen haben. Ich erzähle ihr alles. Sie meint, wir müssen den Wolf suchen. Er sei früher ein Mann gewesen. Wir treffen das Tier, und die Fee verwandelt es in einen Mann. Er geht zu seiner Mutter, und die Fee bringt mich auch heim.«

Das Reh hat sich jetzt in einen bösen Wolf verwandelt. Es braucht viel Überwindung, um ihm standzuhalten. Der Imaginierende kann sich tatsächlich überwinden, tief in den Wald zu gehen und sich der Gefahr erneut auszusetzen. Überraschenderweise deutet sich quasi als Belohnung dafür wiederum eine Verwandlung des Bösen an. Der Wolf scheint ein Mann zu sein. Die Eigenständigkeit des Patienten ist aber noch nicht so groß, daß eine tatsächliche Verwandlung des Bösen sozusagen aus eigener Kraft möglich ist. Es ist eine gute Fee, die mit magischen Mitteln die Verwandlung ermöglicht. Eine tatsächliche Angstverarbeitung ist dabei nur ansatzweise möglich. Dies zeigt sich auch darin, daß weiterhin der Schutzraum der mütterlichen Welt aufgesucht wird. Eine Woche später bestätigt sich das. Der Patient vergißt die Stunde. In der darauffolgenden Sitzung wird die ganze Problematik der Belastung durch die Imagination durchgesprochen. Nach einer weiteren Woche ist der Patient bereit, fortzufahren:

»Ich frage die Fee, ob sie mit mir in den Wald kommt. Wir wollen schauen, ob der Teufel wirklich ein Teufel ist oder ob er auch von einem Zauberer verwandelt worden ist. Wir kommen wieder zu der Höhle, der Teufel taucht auf. Er sieht jetzt schwärzer aus, sein Gesicht ist ganz schwarz. Mir ist komisch zumute. Ich habe wie einen Klumpen im Bauch. Die Fee fragt, ob er der Teufel sei. Ja, aber früher sei er ein Mensch gewesen. Ein Zauberer habe ihn verwandelt. Die Fee sagt zum Zauberstab: Mach, daß dieser Teufel ein Mensch wird. Der Teufel fängt an zu zittern und verwandelt sich. Vor uns steht ein Bub. Er ist wenig größer als ich. Er hat Angst, und wir sagen ihm, daß er keine Angst zu haben brauche. Er erzählt, daß er früher im Wald vom Zauberer verwandelt worden sei, mit dem Befehl, selber auch alle Menschen zu verzaubern. Der Zauberer legte fest, daß der Bub der Teufel in einer Höhle sein soll. Er müsse alle Menschen packen, wenn sie vorbeikämen und diese in Maulwürfe verwandeln. Ähnlich sei es dem Reh ergangen, das zum Wolf wurde. Das Reh sei nämlich der beste Freund des Buben gewesen, selber sei es ja auch ein Mensch gewesen. Zusätzlich legte der Zauberer noch etwas fest: Sollte einmal der Teufel zurückverwandelt werden, so werden ebenfalls alle Tiere, die ehemals Menschen waren, auch wieder zu Menschen. Dies geschieht auch jetzt. Um uns herum sind alte und junge Menschen, die fröhlich sind und dankbar. Mir ist es auch fröhlich im Bauch.«

Es bestätigt sich, daß das erste angstauslösende Motiv, nämlich der Teufel, sich verwandelt, wenn die Angst ausgehalten wird. Zwar ist immer noch die Hilfe der Fee nötig, aber die Stimmung des Imaginierenden fängt an, sich zu verändern. Er redet jetzt von Fröhlichkeit anstatt von Angst. Natürlich ist die Angst, ebenso wie die Schuld, nicht ganz verschwunden. Obige Sequenz ist nur ein Teil eines ganzen Durcharbeitungsprozesses. Wichtig ist aber, daß ein Vergessen der Stunde nicht zum Anlaß genommen wird, aus Schonung die Imagination abzusetzen. Statt dessen muß die Angst weiterhin bearbeitet und dadurch vermindert werden.

6.7 *Die Grenzen der Methode*

Der folgende Ausschnitt aus einer Imagination stammt von einem Jugendlichen, der wegen depressiven Verstimmungen und gelegentlichen Selbstmorddrohungen zur Behandlung kam. Seine entsprechende Auswegslosigkeit und existentielle Bedrohung kommt zum Ausdruck:

»Ich sehe einen riesigen Berg. Auf seiner Spitze glitzert etwas. Ich laufe einen Weg den Berg hinauf. Es wird immer steiler. Um den Berg kreisen einige Adler, es sieht schön, aber auch gefährlich aus. Das Glitzernde zieht mich an. Ich laufe weiter. Die Adler fangen an, komisch zu kreischen. Ein Riesenadler will mich jetzt angreifen. Er hat Riesenkrallen. Die anderen Adler kommen auch und werden immer wilder. Ich suche Schutz hinter den Felsen. Ich komme total erschöpft auf dem Gipfel an. Zehn wilde Adler mit gelben Schnäbeln und roten Augen wollen mich packen. Einer erwischt mich, ich mache die Augen zu. Plötzlich sind die Adler verschwunden. Ich mache die Augen auf. Ich sehe, daß das Glitzernde eine durchsichtige Diamantenkugel mit einem glänzenden Kern ist. Ich berühre sie, sie ist eiskalt, schwer und glitschig. Plötzlich fällt mir die Kugel aus der Hand, sie kullert den Berg hinunter. Sie zerspringt auf einer Felskante, eine Rauchwolke steigt auf. Ich gehe den Weg hinunter. Überall liegen Splitter der Kugel. Am Boden liegt ein Adler. Er rührt sich nicht. Ich berühre ihn. Er ist versteinert. Jetzt sehe ich die anderen Adler. Auch sie sind alle versteinert, wie aus Marmor. Ich spreche einen an. Plötzlich flüstert eine leise Stimme. Der Adler sagt, ich hätte den Lebensstein zerstört. Ich hätte die Möglichkeit, einen neuen Stein zu finden oder den alten zusammenzukleben. Beides sei fast unmöglich. Wenn mir dies aber nicht gelinge, würde er immer versteinert bleiben, wenn er auch dabei lebe. Ich will einen zweiten Stein suchen. Ich laufe weiter. Es wird immer dunkler. Ich sehe die Sterne am Himmel. Ich gehe immer tiefer in den Wald. Vorne ist eine Höhle. Ich will da ausruhen. In der Höhle sind viele Fledermäuse. Sie fragen, was ich wolle. Ich erzähle ihnen meine Geschichte. Sie sagen, man müsse einen Weg zu 7 Bächen finden. Aber in einer tiefen Schlucht gäbe es einen Zauberer, der könne vielleicht weiterhelfen. Ich gehe weiter durch den Höhlengang. Es wird dunkel und unheimlich. Ich taste mich den Wänden entlang. Es ist stickig. Plötzlich sehe ich 2 rote Augen, sie leuchten und sind so groß wie eine Hand. Sie schauen mich ganz böse an. Ich frage, wer das sei. Ein Drachen, er werde mich vernichten. Ich erzähle ihm auch meine Geschichte. Er meint, ich hätte keine Chance, ich solle verschwinden. Ich versuche nochmals mit ihm zu reden. Der Drachen stößt jedoch einen riesigen Feuerstrahl auf mich zu. Meine Kleider fangen an zu brennen. Der Drache sagt, dies sei bloß eine Warnung, das nächste Mal gehe es mir an den Kragen. Ich zögere. Ein zweiter Feuerstrahl brennt mich. Ich verbrenne mir die Hände. Ich laufe durch einen Seitengang, der Drache läßt sich nicht auf ein Gespräch ein. Ich komme zu einem Ausgang. Es blendet mich. Vor mir ist eine Schlucht, unten fließt ein Bach. Ich klettere hinunter, es ist glitschig. Oben kommt jetzt der Drache aus der Höhle. Er sieht fürchterlich aus. Er schaut böse und lacht hinterlistig. Weiter unten sehe ich plötzlich Tausende von Schlangen. Alle schauen mich böse an. Sie zischen fürchterlich. Ich kann nicht weiter, rutsche ab, finde keinen Halt. Ich bin völlig hilflos. Die Schlangen zeigen mir ihre fürchterlichen Zähne. Ich rufe um Hilfe, nichts passiert. Ich sehe Schlangen vor meinem Gesicht. Eine spritzt eine Flüssigkeit in mein Gesicht. Es brennt stark, ich sehe alles verschwommen. Es wird mir schwindlig. Ich bekomme Krämpfe in den Armen und ich sehe nichts mehr, alles ist schwarz. Ich höre das Lachen des Drachen.«

Trotz weitgehender Unterstützung und sorgfältigem Besprechen seiner emotionalen Situation und seiner Reaktionsmöglichkeiten gelang es dem Patienten nicht, dem Bedrohlichen in der Imagination standzuhalten. Versuche, auch in kleinen Schritten eine Gefahr zu bewältigen, mißlangen stets. Todesgefahr, archaische Aggression und Terror können eine schwache Persönlichkeitsstruktur arg bedrohen. Im Moment kann der Therapeut nicht wissen, ob der Patient imstande ist, eine Angst zu überwinden. Hat der Therapeut mehr Angst als der Patient, unterbricht ersterer bei einer Intervention einen Prozeß, den der Patient noch bewältigen könnte. Andererseits ist es in

Anlehnung an die Traumdeutung von schwachstrukturierten Persönlichkeiten (Rohde-Dachser 1979, 1983) nicht sinnvoll, immer neue Bedrohungen und Mißerfolgserlebnisse aufkommen zu lassen. Diese Imagination wurde deshalb gestoppt, obwohl der Patient wahrscheinlich erstmals eine existentielle Bedrohung im Zusammensein mit jemandem thematisiert hat. Es ist unnötig, diese Bedrohung explizit zu deuten. Sie ist selber schon deutlich genug. Es mag besänftigend wirken zu sagen, daß man sieht, daß es der Patient in bestimmten Situationen schwer hat. Entgegen dem Prinzip, bei höher strukturierten Patienten die Beziehung zum Bösen zu interpretieren, ist dies hier nicht möglich. Statt dessen kann es hilfreich sein, sich an das obere Niveau der Ich-Entwicklung zu halten und von dort aus stützend die Stabilität zu vergrößern. Zwar arbeitet Shainberg (1979, zit. nach Rohde-Dachser 1982, S. 17) auch mit Borderlinepatienten mit dem katathymen Bilderleben. Nach der Erfahrung dieser Autorin erlebt der Patient dabei einmal Fülle in sich, wo er vorher nur Leere empfand. Gleichzeitig werden die Bilder durch ihre Übersetzung in beschreibende Sprache in den Sekundärprozeß integriert. Sie wachsen auf diese Weise dem Ich des Patienten zu.

7 *Einige Besonderheiten der Imagination*

7.1 Der Gegensatz Verschmelzung–Trennung

Verschmelzungen zeigen sich in der Verbindung von noch ungetrennten Gegensätzen oder konkret beispielsweise in Mischtieren. Die Aufgabe in der Imagination besteht darin, die Vermischungen zu differenzieren. Es geht darum, sich mit den Mischtieren und der Verschmelzung auseinanderzusetzen.

»Ich komme zu einer Tierfamilie. Ein Tier hat den Kopf eines Krokodils und den Körper eines Zebras. Die Tiere erschrecken. Sie sahen noch nie Menschen. Ein anderes Tier hat ebenfalls den Kopf eines Krokodils, der Körper ist von einem Elefanten. Es erschrickt auch. Anschließend laufen wir in eine Hütte. Drinnen ist ein Wesen, halb Mensch, halb Roß. Es hat ein kleines menschliches Gesicht mit schwarzen Haaren. Die ganze Geschichte ist mir unheimlich. Im Wald finden wir ein Plakat. Darauf ist das Königspaar abgebildet. Die Königin ist halb Henne, halb Luchs, der König halb Roß, halb Elefant. Wir lernen noch andere merkwürdige Wesen kennen: eine Blume mit Menschenkopf, fliegende Fische. Auf die Frage an die Königin, warum die Tiere halb-halb seien, erzählt sie: »Früher sind die Tiere Menschen gewesen. Sie haben aber im Überfluß gelebt und waren hochnäsig. Aus einem hellen Lichtstrahl, der plötzlich vom Himmel kam, erschien ein goldener Löwe. Er hat die Einwohner gewarnt, sich zu bessern. Statt auf diese Warnung zu hören, verjagten die Leute den Löwen. Fünf Jahre später erschien der Löwe wieder und drohte, die Menschen zu verwandeln. Wiederum wurde er verjagt. Monate später kam ein Sturm auf, es wurde ganz dunkel. Alle Einwohner flüchteten ins Haus. Als der Sturm vorüber war, bemerkten die Einwohner, daß sie in Mischtiere verwandelt waren. Dabei ertönte eine Stimme, die verkündete, daß sie dann erlöst würden, wenn ein Mensch zu ihnen käme und ihnen beistehen würde.« Die Königin fragt mich, ob ich bei den Tieren bleiben wolle, dann wären sie erlöst. Ich erschrecke, ich will und will gleichzeitig nicht. Ich beobachte meine Umgebung. Es ist eine miese Stimmung, die Tiere sind nicht glücklich. Ich beschließe, da zu bleiben, und wir gehen weiter in den Wald. Es ist wie im Schlaraffenland, die Bäume sind Zuckerstengel, die Berge aus Pudding, die Häuser aus Schokolade, die Brunnen aus Marzipan. Wir kommen zu einem See mit goldenen Forellen, an Palmen sind viele Früchte.«

Der Vermischung in dieser Imagination entspricht die oral betonte Welt von »nur gutem« Charakter. Doch der Schein trügt. Die Grundstimmung ist jene des Erschreckens und der Schuld. Es ist dem Patienten unheimlich zumute. Die Imagination selber weist den Weg zu einer Entwicklung. Eine Schuld soll abgetragen und dadurch die Tiere erlöst werden. Es ist nicht leicht, diese Aufgabe zu übernehmen. Nach Momenten der Ambivalenz entschließt sich der Patient dazu. Er will bei den Tieren bleiben. Leider wurde diese Therapie, kaum hatte sie begonnen, wieder abgebrochen. Der Patient konnte sich nicht vorstellen, daß seine psychosomatischen Beschwerden mit solchen Geschichten aufgelöst werden könnten. Es wäre die Aufgabe der Therapie gewesen, die Verschmelzungen aufzuheben und dem Bösen Einlaß in das Pseudoschlaraffenland zu gewähren. Wie dieser Prozeß aussehen könnte, wird im letzten Kapitel (Kap. 8) zu zeigen sein.

7.2 Der Einbruch des Bösen

Der Einbruch des Bösen in einer Imagination ist bei einigen Patienten mit beträchtlicher Angst und Abwehr verbunden. Manchmal ist sie so groß, daß jegliches Böse, Negative oder Unangenehme anfangs völlig fehlt. Diese Imaginationen sind dann im Gegenteil betont schön oder positiv. Paradiesische Landschaften, riesige luxuriöse Paläste oder Tierparadiese sind oft anzutreffende Motive. In einer Imaginationsserie geht es in diesen Fällen darum, Negatives aufzuspüren. Nötigenfalls muß der Therapeut lange darauf warten. Unter Umständen kann dieses Warten mit entsprechenden Fragen verkürzt werden. In einem weiteren Schritt wird der Patient das Negative langsam in seine Welt integrieren; dies im Gegensatz zu vorher, wo er in unbewußter und abgespaltener Weise auf dieses Negative bezogen war. Ziel ist ein Gleichgewicht von positiven und negativen, guten und bösen Erfahrungen seiner Welt.

Ein anorektisches Mädchen imaginiert:

»Ich treffe einen Bär und einen Fuchs. Wir machen ein Picknick und die Tiere fangen an, Witze zu erzählen. Im Wald ist eine Lichtung mit Tischen, darauf stehen Torten. Es ist ein Festplatz. Viele Tiere sind da: Wildschweine, Gänse, Zebras, Giraffen, ein alter Löwe, der nur Beeren und Blätter frißt, aber auch Torten nicht verschmäht. Wir tanzen, die Elefanten machen Spiele, Tiere machen sportliche Wettkämpfe, zeigen mir weitere Scherzartikel, wir machen Seilspringen. Nachher hören wir Musik, machen Kartenspiele. Der Biber bringt Fotos von seinen beiden Jungen, und wir lachen darüber. Die Tiere hängen Girlanden auf. Die Elefanten mit weißen Schürzen backen Schwarzwäldertorten mit Glacé, wir essen und lachen.«

In dieser Therapiephase fehlte jegliches Negative oder Schwierige. Alles war nur gut. Ganz anders waren dagegen die Nachtträume der Patientin. Dort passierte anfangs regelmäßig etwas Unangenehmes, nie haben die Träume gut geendet. Auf diesen Unterschied zwischen Imagination und Nachttraum wurde hingewiesen.

Kurz darauf ereignete sich in der Imagination erstmals etwas Unangenehmes.

Auf einer Reise in eine andere Gegend taucht eine giftige Schlange auf, die allerdings nicht mehr auf Beutejagd geht. »Sie schaut erst böse drein, dann aber sympathisch.«

Dieses erstmalige Auftauchen des Bösen wird in zweierlei Hinsicht wieder entschärft. Erstens ist die Schlange insofern weniger gefährlich, als sie nicht mehr andere Tiere jagt. Zweitens ändert sich der erst böse Blick, die Schlange ist sympathisch. Es dauerte 31 Stunden, bis die Patientin dem Schwierigen besser standhalten konnte. In der anfänglich paradiesischen Welt bricht ein Orkan aus:

»Die Schlange freundet sich mit uns an, der Löwe will mir eine Tropfsteinhöhle zeigen. Es luftet und friert mich. Ich frage, wie das Wetter wird. Wahrscheinlich ist ein Gewitter im Anzug. Wenig später blitzt es, und es wird dunkel. Wir hören, wie Bäume umgerissen werden. Es will nicht aufhören. Ein Orkan tobt. Wenn ich allein wäre, hätte ich Angst. Meine Füße sind bis zum Knie im Schlamm. Das Wasser ist dreckig und aufgewühlt. Wir baden nicht gerne im Dreck. Fast hätte uns ein entwurzelter Baum erwischt. Viele Stämme liegen kreuz und quer am Boden. Am Strand ist ein Durcheinander. Viele Bäume versperren uns den Durchgang. Wir schaffen es nicht, sie wegzutragen. Die Elefanten helfen uns.«

Hier läßt das Mädchen Negatives zu. Bis jetzt war ihre Welt nur angenehm gestimmt. Angst wird jetzt erstmals als Stimmung thematisiert. Auffällig ist die Form. Ihr Auftreten ist nur als Möglichkeit angedeutet. Sie wird noch nicht wissentlich zugelassen. Allerdings ist der Orkan an sich schon recht gefährlich, und die Bäume versperren einen Weg, der bis jetzt unproblematisch zu sein schien. Es wird schwierig.

7.3 Der Gegensatz »gut–böse« und die Verwandlung des Bösen

Die Problematik »gut – böse« taucht vielfach so auf, daß die Imaginierenden das Böse vernichten wollen. Dies entspricht auch einem alten Denkschema, wonach das Böse vom Guten ferngehalten werden soll. Keinesfalls wird das Böse in dieser traditionellen Meinung akzeptiert, sondern isoliert, abgewehrt oder gar vernichtet. Dies beruht auf der Hoffnung, daß nachher nur noch das Gute herrsche. Die Erfahrungen mit den Imaginationen sprechen eine andere Sprache. Danach gibt es keine Vernichtung von einem Bösen. Versucht ein Patient, das Böse zu eliminieren, so taucht es zwangsläufig erneut wieder auf. Das alte Problem stellt sich dann auf genau die gleiche Weise, es hat keine Entwicklung stattgefunden. Im Gegensatz dazu ist ein Fortschritt möglich, wenn versucht wird, das Böse zu akzeptieren und ihm standzuhalten. Überraschenderweise pflegt sich dabei nämlich das Böse zu verwandeln. Damit verschwindet es aber nicht für alle Zeit. Es wird wiederum in anderer Form auftauchen. Ein optimaler Zustand ist erreicht, wenn sich ein Gleichgewicht von Gut und Böse einpendelt. Der Patient kann dann diese beiden Pole – und nicht nur einen davon – akzeptieren und kommt dadurch vermehrt in ein seelisches Gleichgewicht.

Ein Bub kommt in der Imagination zu einem Schloß. Dort lebt eine Königin. Sie will Herrscherin über das ganze Land werden und verlangt von jedem Menschen eine Riesensumme Geld, damit jeder nur einen Tag leben darf. Der Bub läßt sich das nicht gefallen, er kämpft und tötet dabei die Königin. Dies gelingt nur scheinbar, denn gleichzeitig verwandelt sich die Königin in eine Vielzahl von sich selbst. Der Bub muß um so härter weiterkämpfen. Es gelingt ihm, alle – bis auf eine einzige Königin – mit einer Kugel zu zerstören. Die Königin bittet ihn, sie nicht zu töten, sie sei noch das einzige Lebewesen. Der Knabe hört nicht auf sie und bringt sie um. Unmittelbar darauf verbreitet sich die Nachricht, daß eine böse Hexe in der Stadt aufgetaucht sei. Man warf sie erst ins Gefängnis, sie konnte aber bereits fliehen. Auch diese Hexe vervielfacht sich, und es entbrennt ein neuer Kampf zwischen ihr und dem Bub. Alle Hexen, bis auf eine, müssen ihr Leben lassen. Die letzte Hexe erzählt aber, daß sie früher einmal verzaubert worden sei und wieder ein Mensch sein wolle. Mit einem speziellen Trunk soll dies ermöglicht werden. Der Bub geht darauf ein, mixt ein Gebräu und tatsächlich verwandelt sich die Hexe in eine Frau, sobald sie die Flüssigkeit getrunken hat.

Die Szene zeigt sehr schön das Problem des Umgangs mit dem Bösen. Das Leben muß gegen einen fremden Herrschaftsanspruch verteidigt werden. Der Kampf endet mit dem vermeintlichen Tod der feindlichen Königin. Diese Vernichtung des Bösen gelingt aber nicht. Im Gegenteil verkörpert es sich um so stärker wieder. In einem zweiten Anlauf hört der Imaginierende nicht auf die Bitte der Königin, sie am Leben zu lassen. Auch dieser Tod vertreibt das Böse nicht aus der Welt. Jetzt ist die Hexe das Böse. Nach einem erneuten Kampf läßt sich der Bub aber schließlich auf eine Bitte der Hexe ein. Er akzeptiert sie so, und das Ergebnis ist die Verwandlung des Bösen. Mit dieser normalen Frau sind keine Kämpfe mehr nötig.

Die Einsicht, daß das Böse zur Welt gehört und daß dieses sich auch wandeln kann, wird nach einigen weiteren Imaginationsstunden noch deutlicher. Nun ist es der Teufel selbst, der darauf hinweist, daß das »Nur-Gute« einen Preis hat, den der Mensch bezahlt:

Ein König regiert seine Untertanen so gerecht, daß es ganz lange kein Böses mehr in diesem Land gab. Trotzdem war allgemein bekannt, daß dies nur solange gut gehen werde, bis eines Tages der Teufel auftauchen wird. Dieser wird dann die ganze Gegend beanspruchen. Tatsächlich erscheint der Teufel und sagt, daß es das Böse geben müsse. Während der Herrschaft des guten Königs seien nämlich alle Leute traurig gewesen, weil sie nicht mehr streiten konnten. Eine Gruppe von Leuten meint aber überraschenderweise, daß der Teufel lieb sei. Der Bub widerspricht dem und behauptet, daß ein Teufel ein Teufel bleibe. Man müsse ihn einsperren. Der Teufel fängt an zu weinen. Er sei traurig, wenn er nicht mehr in die Hölle gehen könne. Er habe nämlich noch seine Waffen dort, die ihm lieb seien. Der Bub erbarmt sich, erfüllt diesen Wunsch und begleitet den Teufel in die Hölle. In einem Raum sind Panzer. Plötzlich taucht eine Biene auf und schleudert einen Panzer an die Wand. Gleichzeitig verwandelt sich der Teufel in einen Mann. Ebenso verwandelt sich die Biene in einen Mann. Andere Bienen, die auch noch umherschwirren, ärgern sich und wollen auch verwandelt werden. Der ehemalige Teufel antwortet, dies geschehe nur demjenigen, der helfe.

So wie die Menschen ihr »Nur-Gutsein« mit einer Verstimmung bezahlen, so führt der Versuch der Gruppe, das Böse im Teufel zu verleugnen, bei diesem zu einer Traurigkeit. Der Bub akzeptiert insofern den Teufel, als er ihn begleitet, um mit ihm zu dem ihm zugehörigen Ort und dessen Attributen (Waffen als Mittel des Bösen) zu gehen. Ergebnis ist wiederum eine Wandlung des Bösen. Es wird sogar ganz paradox, wenn der Teufel davon erzählt, daß helfen eine offenbar gute Sache ist.

7.4 Der Gegensatz »männlich–weiblich«

Neben dem Gegensatz »gut–böse« ist ein zweiter Gegensatz von großer Bedeutung: »männlich–weiblich«. Oft ist er nicht losgelöst vom Problem des Guten und Bösen, sondern damit verbunden. Zeitlich ist es aber so, daß zuerst die Problematik »gut – böse« auftaucht und erst nachher der Gegensatz von »männlich – weiblich«.

Das folgende Beispiel hat mir dankenswerterweise H. Maass überlassen. Es stammt von einem jungen Mann mit starken Ängsten und Realitätsverzerrungen.

»Eine Spinne, etwa so groß wie ein Handteller, führt mich in einen Raum, der unter einem Zwergenreich liegt. Der Raum ist voller Spinnen. Eine besonders große ist an der Wand angekettet. Ich befreie sie. Das Tier verwandelt sich dabei in eine Frau, von der ein helles strahlendes Licht ausgeht. Aber mir bleibt die Frau unsympathisch. Sie ist die Spinnenkönigin und möchte die ganze Welt beherrschen. Das sei ihr Ziel. Jetzt beginnt sie zu wachsen und verwandelt sich in ein Hochhaus. Ich gehe hinein und finde ein normales Bürohaus vor, in dem nur Frauen arbeiten. Aber die Arbeit ist nur Tarnung. In Wirklichkeit weiß ich, daß es ein Hurenhaus ist. Ich gehe zur Chefin, und sie sagt mir, daß es in einiger Entfernung eine Mauer gebe. Jenseits der Mauer stehe ein zweites Hochhaus, in dem aber nur Männer arbeiten. Früher seien sie Geschäftsfreunde gewesen und hätten zusammengearbeitet. Seit es die Mauer gebe, sei die Verbindung abgerissen. Ich gehe zur Mauer, in der ein offenes Tor ist. Es wird von 2 Gestalten bewacht, die Gesichter von Männern, aber einen Busen haben. Mit ihren Schwertern greifen sie jeden an, der durchzugehen versucht. Ich lasse mich aber nicht abschrecken und gehe durchs Tor. Die Gestalten mit ihren Schwertern erweisen sich als unkörperlich. Sie schlagen nach mir, aber die Schwerter berühren mich nicht. Ich gehe zum Männerhochhaus und finde tatsächlich ein genaues Pendant zum Frauenhaus. Es ist auch ein Hurenhaus. Der Chef sagt mir, man müsse die Wächter unschädlich machen, um die Mauer zu beseitigen. Die Männer hätten es schon versucht, aber ohne Erfolg.

Ich hole jetzt die Zwerge zu Hilfe. Sie schauen sich die Mauer an und sagen, es genüge, 2 Steine aus der Mauer herauszubrechen. Sie werde dann zusammenstürzen und die beiden Figuren zerquetschen. Die Zwerge entfernen die Steine, die Mauer bricht zusammen. Aber statt der 2 Figuren stehen nun 4 da: 2 Männer und 2 Frauen. Die Männer gehen nach der Männerseite, die Frauen nach der Frauenseite. Die Hochhäuser sind verschwunden. Auf der Frauenseite ist eine grüne Wiese und einige kleine Häuser mit Gärten. Die Frauen pflegen die Blumen oder liegen im Gras und tun gar nichts. Auf der Männerseite stehen Bauernhäuser zwischen Feldern. In der Mitte ist ein Wirtshaus, aus der wildes Gejohle dringt. Ich gehe hinein und treffe den Chef. Er sagt, die Männer müßten sich zuerst mit einer Sauferei und Schlägerei gründlich austoben. Danach können sie Verbindung zu den Frauen aufnehmen.«

Eindrücklich ist bei dieser Geschichte die Verwandlung der Spinne in eine Frau, sobald das Tier befreit wird. Ungewöhnlich ist die Verwandlung der Frau in ein Haus. Der schwache Realitätsbezug des Patienten dürfte damit im Zusammenhang stehen. Schließlich zeigt sich, daß es keine Verbindung zwischen dem weiblichen und männlichen Bereich gibt. Diese Verbindung soll wieder gesucht werden. Der Grund für den fehlenden Austausch sind die doppelgeschlechtlichen Figuren. Mit anderen Worten sind in ihnen die männlichen und weiblichen Gegensätze vermischt. Erst durch die Verwandlung der Mischwesen in die Gegensätze »Mann–Frau« bahnt sich die Möglichkeit eines Austausches der beiden Geschlechter an. Gleichzeitig wird die seltsame Verwandlung der Frau in das Haus wieder aufgehoben.

7.5 Die Aufgabe des Magischen: Das Ich soll Ich bleiben

Obwohl in einer Imagination eine große Freiheit für verschiedene Verhaltensmöglichkeiten gegeben ist, ist es nicht gut, auch alles zuzulassen. Insbesondere heißt dies nicht, daß der magische Charakter des Einstiegsmotivs, nämlich des Märchenwaldes, auf die Reaktionsweisen der eigenen Person übertragen werden soll. Ein magisches Motiv ist das des Zauberers. So ist es möglich, daß der Patient sich verzaubert oder verzaubern läßt. Er könnte sich so verzaubern, daß er entweder »mehr« wäre, z. B. ein Riese, oder daß er in der Entwicklung zurückfällt und sich z. B. in ein Tier verzaubern läßt. Beides wäre nicht gut. Die Person des Imaginierenden soll zur Erreichung seiner Ziele keine magischen Mittel einsetzen. Er würde dabei keinen aktiven, eigenständigen Entwicklungsschritt tun. Ebensowenig ist dies der Fall, wenn sich der Imaginierende seine Person wegzaubern läßt.

»Auf einer grünen Wiese sind gelbe Blumen. Das Gras ist naß und kalt. Ich höre etwas rascheln, es ist ein Fuchs. Weiter vorne sind alle Bäume schmal und durchsichtig wie aus violettem Glas. Ich komme zu einer goldenen Brücke. Auf der anderen Seite der Brücke ist alles ganz schön. Ich und der Fuchs kommen zu einer dicken Eiche. Viele Schmetterlinge in schönen Farben fliegen umher. Der Fuchs ist freundlich. Anfangs dachte ich, er sei tollwütig. Er hat aber keinen Schaum vor dem Mund und ist zutraulich. Wir kommen zu einer Lichtung. Ein Hirsch kommt auf mich zu und fragt, ob ich lange hier bleiben wolle. Ich dürfe niemandem verraten, daß die Tiere hier leben. Ich verspreche dies und frage, warum dies nötig sei. Der Hirsch antwortet, daß die Tiere nicht wollen, daß sie vom Jäger gejagt werden. Dann erscheint eine Nachteule. Sie hat einen Zauberstab und berührt mich, ich werde plötzlich zu einem Fuchs. Ich bin ganz klein. Es gibt soviele Blumen, wie man sie sich fast nicht erträumen kann. Das größte und das mächtigste Tier hier ist der Hirsch. Er kommt auf mich zu. Ich muß versprechen, niemandem zu sagen, daß es diesen Wald gibt. Ein zweiter Fuchs erscheint und führt ein Mädchen mit sich. Es hat blonde Haare, in Zöpfe geflochten. Es hat eine Bauerntracht an. Der Hirsch geht zu dem Mädchen, und es muß dasselbe wie ich versprechen. Die Eule verzaubert auch das Mädchen in einen Fuchs. Der Hirsch kommt mit dem Mädchen-Fuchs auf mich zu. Die Eule berührt uns beide. Das Mädchen und ich verwandeln uns wieder in Menschen.«

Hier wurde der Knabe in einen Fuchs verwandelt. In der Stunde darauf hat die Eule diese Verwandlung wieder rückgängig gemacht, und zwar ohne Intervention des Therapeuten. Wäre dies von selber nicht geschehen, wäre ein dementsprechender Vorschlag am Platz gewesen.

Das weitere Verbleiben als Fuchs würde einem Rücktritt auf die nur animalische Sphäre entsprechen. Offenbar hat dies der Patient selber »gemerkt«.

7.6 Das Schlaraffenland

Hie und da finden Patienten in ihrer Imaginationswelt ein Schlaraffenland. Damit ist eine frühe Stufe der Entwicklung angesprochen. Das Leben im Schlaraffenland kann bei Überforderungen in der realen Welt entlastend wirken. Man kann es als regressives Element auffassen. Allerdings werden solche Patienten kaum durch die Imagination real auf eine frühere Entwicklungsstufe zurückgeworfen. Sie sind es schon vorher, wenn auch diese frühkindlichen Fixierungen durch teilweise reifere Verhaltensweisen überlagert werden. Die Imaginationswelt bietet aber auch immer schon andere Möglichkeiten als die eines Schlaraffenlandes. Das Gewähren oder Versagen muß nicht vom Therapeuten gesteuert werden. Wenn die Zeit dazu reif ist, wird der Patient das Schlaraffenland von selber wieder verlassen.

»Ich fahre auf einem Floß einen Fluß hinunter und lege dann an Land an. Ich binde das Floß an einen Stein. Vor mir erheben sich Berge. Ich laufe auf sie zu. Als ich dort angelangt bin, fühlt sich der Berg wie Pudding an. Ich denke, daß ich mich da durchesse. Ich esse so einen Gang auf und komme auf der anderen Seite des Berges heraus. Ich sehe jetzt 3 Meter hohe Blumen, wie Tulpen. Von oben fällt ein Apfel herunter. Ich ziehe weiter am Blatt. Viele Äpfel fallen herunter. Ich habe keinen Hunger darauf, weil ich schon viel Pudding gegessen habe. Ich ziehe an weiteren Blumen. Orangen, Bananen, Birnen, Kokosnüsse fallen herab. Nachher sehe ich viele Seen. Im Wasser gibt es Fleisch, Gemüse, Pommes frites und Poulet drin. Ich fische mir eines und esse mich satt. Weiter vorne sind Häuser. Ich gehe dorthin und merke, daß die Häuser aus Schokolade sind. Ich sehe viele dicke Leute mit dicken Bäuchen. Wenn einer von ihnen umfällt, müssen die anderen ihm helfen, wieder aufzustehen. Beim Berg liegt etwas wie eine Lawine. Es ist Schlagrahm. Ein Diener zeigt mir jetzt die Karte dieses Landes. Ich bin dreckig und gehe deswegen zum Bach. Es gibt Zuckerwasser drin. Ich habe Durst und trinke aus einem anderen Bach Sirup. In einem anderen Bach gibt es Honig und Milch. Der Diener sagt, ich könne hier essen und trinken.«

Dieses Schlaraffenland verläßt der Patient relativ schnell und machte sich dann daran, weitere Teile des Landes zu erforschen.

7.7. Die Führungsfigur

Hie und da taucht in Imaginationen eine Figur auf, die Hilfe in neuen oder schwierigen Situationen anbieten kann. Dies ist z. B. ein alter, weiser Mann. Unter Umständen hat er die Funktion einer Führungsfigur, die den weiteren Weg in bezug auf eine Problematik schon weiß, auch wenn dies dem Patienten unbekannt ist oder er sich dagegen sogar wehrt. Manchmal weist der alte Mann den Weg von selbst. Hie und da kann es sinnvoll sein, ihn in einer späteren Phase wieder aufzusuchen und ihn um Rat zu fragen.

Ein Bub wohnt bei einem König. Nach einem Kontakt mit bösen Drachen unterhalten sich der Bub und der König auf dem Turm des Schlosses. Sie schauen nach Osten und merken, daß etwas nicht stimmt, weil die Sonne jetzt im Süden aufgeht. Der König erklärt, daß sein Land eine Plattform ist. Es sei noch keinem gelungen, auf die andere Seite der Plattform zu gelangen. Der Sonnenaufgang habe mit dieser Plattform zu tun.

»Am anderen Tag stehe ich um fünf Uhr morgens auf und eile in den Turm. Ich sehe jetzt, daß die Sonne im Norden aufgeht und überlege, wo sie wohl untergehen wird. Nachdem der König erwacht ist, frage ich ihn, ob die Sonne im Osten untergehe. Der König erklärt, das hänge vom Wind ab. Ich frage, ob die Sonne auch schon im Süden aufgegangen sei. Ja, das sei fast passiert. Ich frage, ob man da nichts machen könne, damit sich das Ganze stabilisiere. Der König meint, daß vielleicht Leute auf der anderen Seite der Plattform für die Windrichtung verantwortlich seien. Wir überlegen, ob wir auf die andere Seite gehen könnten. Ich frage, ob der König Sprengstoff oder Feuerwerkszeug habe. Wir könnten eine Rakete bauen, um auf die andere Seite zu gelangen.«

Der Plan läßt sich nicht durchführen. Ebenso überlegen sich die beiden, ob man an den Plattenenden auf die andere Seite gelangen kann. Auch das ist ein Problem, weil eine abstoßende Kraft zwischen den beiden Plattenseiten zu groß ist. Nach der Konstruktion einer komplizierten Maschine, einer Art Seilbahn, wird ein Weg auf die andere Seite möglich.

»Wir laufen los und sehen einen Berg vor uns. Es ist ein Vulkan. Am Krater steigt Rauch auf. An seinem Rand liegt eine Stadt. Plötzlich entdekken wir etwas Ungewöhnliches. Es ist ein Haus. Dort finden wir einen Mann mit einem weißen Bart. Er fragt, was wir hier wollen. Wir fragen, ob hier Menschen wohnen. Nein, keine Menschen, nur Wesen. Man könne hier auch nichts anbauen, auch leben keine Tiere da. Ich, meine Begleiter und der alte Mann gehen nun die Plattform erforschen. Der Vulkan ist ein echter Vulkan, die Wesen sollen dort wohnen und es sei gefährlich, hier zu gehen.«

In der Folge kam es zur Begegnung mit den Wesen. Sie sehen komisch aus, mit langen Hälsen und kleinen Körpern, die sehr alt werden. Einige sahen lustig aus, andere gefährlich. Es mußte beiderseits viel Angst überwunden werden. Das Land wurde bepflanzt, ein guter Weg zwischen den beiden Plattenseiten gebaut und schließlich fand ein reger Besuchsaustausch zwischen hüben und drüben statt. Im weiteren half der alte Mann bei verschiedenen Aufgaben und Expeditionen im neuen Land.

7.8 Narzißtische Phänomene

Mangelnde Spiegelung der Mutter wird von Kohut in Zusammenhang mit der Entwicklung von narzißtischen Störungen gebracht. Analoge Phänomene zeigen sich in Imaginationen.

»Ich sehe einen weißen Palast, ich bewundere ihn und staune über das Gebäude, ich bin ängstlich und getraue mich nicht so einzutreten. Innen komme ich mir allein vor, niemand ist da. Ich klopfe an eine Türe. Eine freundliche Frau macht mir auf. Wir reden, ich habe keine Angst mehr, fühle mich geborgen. Die Frau will mir das Haus zeigen. Im Gang treffen wir eine andere Frau. Sie scheint nicht interessiert an einem Kontakt mit mir. Sie sagt, sie kenne mich nicht so gut. Ich verstehe das und habe auch nicht so Lust zu reden. Ich gehe mit der ersten Frau weiter. Die Räume werden komisch. Die Form der Zimmer wirkt eckig. Ich fühle mich eingeengt, spüre keine Freiheit, mir ist unheimlich. Es ist so eng, daß ich glaube, es gehe nicht mehr weiter. Der Gang scheint aufzuhören, wir müssen umkehren. Ein kleiner Gang führt doch weiter. Die Frau traut sich nicht weiterzugehen. Sie findet es kahl hier. Ich verabschiede mich deshalb von der Frau und gehe allein weiter. Sie wurde überhaupt verschlossen und redete wenig. Ich zwänge mich durch den Gang und höre Stimmen. Viele Leute sehe ich an einem Tisch sitzen und sie sind lustig. Ich gehe auf eine Frau zu und fühle mich dabei nicht so wohl, weil ich sehe, daß die Frau mich nicht so ernst nimmt. Sie lacht weiter mit den anderen. Dies wirkt auf mich unnatürlich. Die anderen bemerken mich kaum. Ich muß die Frau ein paar Mal fragen, bis sie mir Antwort gibt. Ich frage, warum man hier feiere. Sie sagt, »Einfach so«.«

Das mangelnde Echo, die fehlende Spiegelung seitens aller Frauen, die hier erscheinen, bedeutet eine Enttäuschung für die Patientin. Zugleich wird die existentielle Enge dieser Stimmungslage deutlich. In einem zweiten Schritt berichtet das Mädchen auf die entsprechende Frage nach analogen Situationen, daß es mit ihrer Mutter ähnlich gehe. Diese verstehe ihre Gefühle nicht, und wenn das Gespräch darüber aufgenommen wird, versandet es bald wieder. Die Patientin fühlt sich innerlich allein. Trotz der analogen Situation im realen Leben der Patientin meint die imaginierte Frau nicht eigentlich ihre Mutter. Im Gegenteil erfährt das Mädchen die mangelnde Einfühlung in der Imagination gerade nicht durch ihre Mutter, sondern durch eine ihr fremde Frau bzw. mehrere Frauen. Würde man dagegen darauf beharren, daß die Frau die Mutter meint, würde es gar keine Rolle spielen, ob die Frau oder die Mutter erscheint. In Tat und Wahrheit kann gerade die Tatsache der Fremdheit der auftauchenden Frau als Thema thematisiert werden und als Hinweis für analoge befremdende Gefühle in Kontakten zur Sprache gebracht werden, etwa jene zum Therapeuten oder zu anderen Menschen.

In einer späteren Phase der Therapie wandelte sich das Verhältnis zur mütterlichen Person. Die Distanzierung verminderte sich.

»Ich komme in ein Dorf mit Bauernhäusern. Ich klopfe an eine Tür. Eine Frau in mittlerem Alter macht mir auf. Ich frage, ob ich das Haus anschauen dürfe. Ja. Innen ist alles aus Holz. Mir gefällt die Einrichtung. Es sieht friedlich aus, und ich fühle mich wohl. Ich frage die Frau, wo ihr Mann sei. Er werde später kommen. Ich sage, daß ich gerne hier bleiben wolle. Die Frau meint, sie freue sich, wenn Besuch da sei. Ich dürfte schon da bleiben. Ob ich noch Hunger hätte? Ja. Die Frau bringt mir eine kleine Mahlzeit. Wir sitzen zusammen, bis ihr Mann kommt. Ich höre seine freundliche Stimme. Auch der Mann ist einverstanden, daß ich bleibe. Ich fühle mich aufgenommen.«

8 *Eine Therapie im Gesamtverlauf: »Die Reise nach Hydros«*

Die folgende Imaginationsserie stammt von einem 14jährigen Jugendlichen. Sein Problem bestand darin, trotz seines Alters jedesmal in Angstzuständen zu verfallen, sobald seine Eltern ihn allein lassen wollten. Es war eine deutliche Trennungsangst. In diesem Teilbereich entsprach sein Verhalten einem kleinen Kind. Das Beispiel ist zur Erläuterung geeignet, weil deutlich wurde, daß der Symptomatik ein strukturelles Problem zugrunde lag. Die relativ isolierte Symptomatik verweist auf den Loslösungs- und Individuationsprozeß, der für die Strukturbildung wichtig ist. Diagnostisch standen narzißtische Phänomene im Vordergrund. Mit der Imaginationstherapie wurde nicht nur das Symptom behoben, sondern v. a. auch die Persönlichkeit besser strukturiert.

Wir fassen die einzelnen Stunden kurz zusammen. Anschließend folgt jeweils ein kurzer Kommentar.

»Ich sehe schneebedeckte Nadeltannen, obwohl es Sommer ist. Die Sträucher sind von einem chinesischen grün. Überall sind wunderschöne Pflanzen. Plötzlich kommt ein Wolf. Wir laufen durch den Wald. Wir sehen Palmen mit Früchten dran, daneben sind Tausende von Rosen, ein Pflanzenparadies. Klar schimmert das Wasser eines Sees. Die Fische leuchten in verschiedenen Farben. Wir kommen zu einem riesigen schönen Palast. Dort wohnt der König der Tiere.«

Schon die erste Imaginationsstunde verweist darauf, daß damit die zentrale Problematik des Patienten angesprochen ist. Eine frühe Stufe der Entwicklung ist fixiert: Zum ersten sind Gegensätze verschmolzen. Es gibt Schnee, obwohl es Sommer ist. Zum zweiten ist die Szene »nur gut«. Der auftauchende Wolf ist überhaupt nicht gefährlich. Das Böse ist zwar potentiell da, aber abgespalten. Neben dieser Spaltung hat das Pflanzenparadies mit dem riesigen schönen Palast eine kompensatorische Funktion. Die Verschmelzung und die Spaltung bedeuten eine Strukturschwäche. Darauf reagiert der Patient und versucht, mit Paradies- und Größenphantasien das »nur Gute« zu stabilisieren. Das Ergebnis ist fragil. Die Symptomatik kann auf diesem Hintergrund gesehen werden. Wenn die Eltern in der Realität des Patienten nicht verfügbar sind und diese Strukturschwäche sozusagen nicht ausfüllen, bricht die Angst aus. Sie spiegelt die Unstabilität wider.

Der Weg der Entwicklung ist damit schon vorgegeben. Zum einen müßten sich Gegensätze im Verlauf der Therapie entwickeln, zum anderen müßte »das Böse« integriert werden. Der Verlauf zeigt, daß dies auch wirklich passiert.

»Der Wolf ist verschwunden. Ich laufe auf den Palast zu. Das Tor ist verschlossen. Ich klettere über die Umgebungsmauer. Im Park gibt es Leoparden und Tiger. Ich steige in ein offenes Fenster des Palastes ein. Ich komme in einen Saal mit glänzendem Parkett und muß aufpassen, daß ich nicht ausrutsche. Vor mir ist der Thron mit dem Elefantenkönig. Ich werde von ihm zu einem Festmahl eingeladen. Die Einladung zur Übernachtung lehne ich aber ab. Danach gehe ich und treffe draußen ein Wiesel. Es nimmt mich mit an einen See im Norden des Landes. Plötzlich müssen wir zurück, es sei verboten, dort in der Nacht zu bleiben, eine Flut komme eventuell. Ich muß allein zurück. Eine Kutsche hält neben mir an. Der Kutscher ist der Wolf, seine Rosse rennen mit einer ungeheueren Geschwindigkeit. Er läßt mich dann in einer anderen Gegend aussteigen und braust davon.«

Auffallend ist, daß der Palast verschlossen ist. Der Boden in diesem Bereich ist unsicher, man rutscht schnell aus. Wichtig ist, daß die Einladung des Königs zur Übernachtung nicht angenommen wird. Es klingt bereits an, daß es gefährliche Ecken in der Imaginationswelt gibt. Die Gefahr, überflutet zu werden, wird thematisiert. Das Böse, der Wolf, verschwindet, um dann wieder aufzutauchen. Ebenso verabschiedet sich plötzlich das Wiesel. Die Frage stellt sich, wie stabil Objektbeziehungen und Eigenständigkeit sind. Es wird anfangs der nächsten Stunde vorgeschlagen, die Einladung des Königs doch anzunehmen. Das Zusammensein mit dem Wolf wird in einer brisanten Art und Weise gezeitigt. Die Geschwindigkeit der Rosse zeigt an, daß viel Energie freigesetzt wird, wenn der Kontakt mit dem zuvor verschwundenen Wolf wieder aufgenommen wird.

»Ich gehe zurück in den Palast. Ich werde von Löwen in ein riesiges Zimmer geleitet und warte, bis ich zum König darf. In der Zwischenzeit will ich den Palast erforschen. Ich steige aus dem Fenster, und ich muß aufpassen, daß mich keiner entdeckt. Ich steige in die Bibliothek ein und sehe ein Tagebuch eines ehemaligen Löwenkönigs. Ich kann die Schrift nicht lesen.«

Der Vorschlag der Einladung wird angenommen. Hier wird thematisiert, daß auf eine Begegnung gewartet werden muß. In der Zwischenzeit ist der eigene Aufenthaltsraum riesig, aber mit einer Isolation verbunden: es entsteht eine Angst vor dem Entdecktwerden. Schuld und eine Unverständlichkeit in bezug zu dem, was aus der Vergangenheit in Form des unleserlichen Buches erscheint, wird angesprochen.

»Mir ist unheimlich. Ich finde einen zweiten Raum. In einem Pult finde ich brüchige Landkarten über ein Reich im Norden. Ein Wächter kommt. Ich flüchte mich aus dem Fenster und gehe in mein Zimmer zurück.«

Die Stimmung wird deutlicher, es wird unheimlich. Andere Teile der Welt und damit der eigenen Welt werden als Möglichkeit erfahren. Allerdings ist das Medium dazu, die Landkarte, brüchig. Der Kontakt zu diesem Neuen endet in einer Flucht.

»Ich werde müde und schlafe ein. Ich träume: eine Gruppe von Löwen aus dem Palast und ich machen eine Forschungsreise. Der Führer ist ein Freund des Königs. Wir laufen durch Schnee und Geröll. Vor uns rollt eine Steinlawine hinab. Wir retten uns im letzten Augenblick. Wir steigen auf einen Schneeberg. Oben ruhen wir aus und überblicken das Tal. Ich denke, daß ich vom König für diese Leistung gerühmt werde und eine besondere Auszeichnung erfahre. Nach diesem Traum erwache ich am nächsten Morgen. Ein Diener führt mich zum König. Ob ich gut geschlafen hätte? Ich erzähle ihm meinen Traum. Er schlägt mir eine Expedition zu einer Goldmine vor. Neben dem König bin ich mir vorgekommen wie ein kleiner Zwerg, obwohl mich der König nicht dementsprechend behandelt hat.«

Dem Neuen kann nicht mehr ausgewichen werden. Die Forschungsreise verweist auf neue Lebensbezüge, die bisher unbekannt waren. Eine Führungsfigur taucht auf. Das Unbekannte ist sehr gefährlich. Es wirkt stabilisierend, wenn einem dafür von einer hohen Persönlichkeit, dem König, wegen einer Leistung Anerkennung zuteil wird. Es steigert das Selbstwertgefühl, dies ist nämlich schwankend. Kaum nimmt der Patient an der Größe des Königs und des Berges teil, fühlt er sich als kleiner Zwerg. Die Expedition, d. h. die Ausweitung der eigenen Welt, wird geplant. Wichtig ist der therapeutische Hinweis, daß dieses Minderwertigkeitsgefühl bestand, obwohl der König dazu keinen Anlaß gab.

»Nach einem kräftigen Frühstück fühle ich mich wohl und unternehmungslustig. Der Expeditionsleiter ist ein kleiner, alter Löwe mit grauen Haaren. Wir, eine Gruppe von zwölf Löwen und ich, übernehmen Ausrüstungsmaterial und fahren nach Osten.«

Das Selbstwertgefühl stabilisiert sich. Der Führer ist manchmal in anderen Geschichten ein weiser alter Mann, hier ein entsprechender Löwe. Daß die Begleiter gerade 12 Löwen sind, verweist auf kraftvolle Möglichkeiten. Sie stehen hier noch stellvertretend für die eigenen Kräfte und werden später nicht mehr nötig sein.

»Auf der langen Reise studieren wir Karten und Unterlagen über die Goldmine. Es geht langsam bergauf, und es ist nicht angenehm. Wir übernachten nach einem ausgiebigen Nachtessen in einer Hütte, frühstücken und wandern dann zu Fuß Richtung Osten. Die Löwen sind in Schweiß gebadet.«

Ziel der Reise ist eine Goldmine. Gold verweist auf das Echte, Wertvolle und Unzerstörbare. Es muß aber mit einer Anstrengung gesucht werden. Darauf ist der Patient jetzt bezogen.

»Der Weg ist sehr steil. Wir kommen in eine dicke Nebelwolke. Es besteht die Gefahr, daß wir uns verlieren. Dann löst sich der Nebel auf.

Die Sonne blendet, schweißgebadet machen wir Rast in einer Höhle. Wir marschieren weiter auf den hohen Berg und kommen, müde nach großer Anstrengung, zu einer Hütte. Das Essen ist wieder ausgiebig.«

Der Weg ist weiterhin gefährlich. Die Anstrengung übernimmt der Patient weiterhin. Ein Gegensatzpol »hoch« fängt sich an zu differenzieren. Später wird das Pendant »tief« auftauchen. Dies ist ein weiteres Gegensatzpaar neben den anderen beschriebenen. Die Oralität wird betont.

»Wir marschieren weiter. Der Weg ist erschwert, wir halten es vor Hitze kaum aus. Drei Löwen rutschen aus und ziehen sich eine Verstauchung zu. Endlich sehen wir die Goldmine. Wir schauen uns die Mine an. Hier sind massenweise Arbeiter. Das Essen ist üppig.«

Gefährliches und mangelnde Standfestigkeit wird weiterhin erfahren. Das vorläufige Ziel ist erreicht.

»Nachts packt uns die Abenteuerlust, und wir erforschen unser Quartier. Dabei verstecken wir uns vor den anderen Löwen. Einer dieser Löwen schreit plötzlich, daß eine Eselsgruppe unterwegs hierher sei. Wir gehen in unser Zimmer und werden kurz darauf informiert, daß eine Räuberbande unterwegs sei. Wir nehmen dies mit Schrecken auf, gehen aber am Morgen zur Arbeit. Wir arbeiten den ganzen Tag. Die Räuber rücken jetzt näher. Das Tor wird geschlossen, und wir werden mit Waffen ausgerüstet. Doch die Räuber ziehen wieder ab.«

Das »Böse« in Form der Räubergruppe wird erfahren. Dies ist mit Schrecken verbunden. Dagegen werden Abwehrvorrichtungen eingesetzt. Dies ist wirksam, die Gefahr verschwindet scheinbar.

»Eventuell hat das viele Gold die Räuber angelockt. Ich pickle den Boden auf, und wir arbeiten hart. Ein Löwe verletzt sich am Fuß.«

Die Gefährlichkeit verlagert sich und wird jetzt immer hautnaher über den Fuß des Löwen als Verletzung miterlebt.

»Wir müssen den Verletzten zurück in den Palast bringen. Morgens früh wandern wir mit den Eseln los durch Schnee, Eis und Regen. Ein paar Löwen rutschen aus und verstauchen sich den Fuß. Der Weg ist sehr beschwerlich. Mir tut es überall weh. Der Esel, der mich trägt, rutscht aus, und wir legen ihn auf eine Bahre. Das Wetter wird beser. Wir bekommen einen Bärenhunger. In einer Hütte essen wir. Ich begnüge mich mit Brot und Fleisch.«

Gefährlichkeit und Schmerzen, aber auch Rückzug auf den vertrauten Ausgangspunkt beherrschen die Szene. Die Standfestigkeit ist ins Wanken geraten.

»Am anderen Tag treffen wir in der Hütte seltsame Leute an. Sie sind mit Knüppeln bewaffnet. Ich denke, daß dies die Räuber sind. Sie zwingen uns auf die Zimmer und tragen Kisten in die Kutsche, wahrscheinlich ist Gold darin. Nachdem sie uns gefesselt haben, reisen die Räuber mit der Kutsche ab. Wir befreien uns. Unser Führer meint, daß die Räuber sich im Norden verstecken. Mit der Erlaubnis des Königs machen wir uns auf die Suche nach den Räubern. Wir finden sie im Nordwesten und machen einen Plan, sie von allen Seiten anzugreifen.«

Dem Kontakt mit dem Bösen kann nicht mehr ausgewichen werden. Nach einem ersten Überwältigtwerden ist es wichtig, daß der Kontakt mit den Räubern wieder gesucht wird. Der Gegenangriff wurde in Frage gestellt. Statt dessen geht es darum, das Böse zu integrieren. So wäre es z. B. sinnlos, die Räuber zur Strafe zu isolieren.

»Wir einigen uns mit den Räubern, daß sie uns das Gold zurückgeben. Dafür werden 10 der Bande mit dem Chef zusammen des Landes verwiesen. 20–25 hatten nichts direkt gemacht, wir lassen sie frei. Wir gehen zum Palast zurück und der König schlägt mir erneut vor, eine Expedition ins Gebirge zu machen. Wir ziehen Richtung Westen und überprüfen dabei, ob die des Landes verwiesenen Räuber auch tatsächlich weg sind. Wir umgehen einen Berg, am Abend haben wir eine beachtliche Marschleistung vollbracht.«

Der Patient geht teilweise darauf ein, sich mit den Räubern weiter auseinanderzusetzen. Nachdem vorhin eine Expedition Richtung Osten gestartet wurde, ist es jetzt der Gegensatz Westen. Die Welt wird durch Anstrengung weiter ausgeweitet.

»Wir marschieren weiter über einen Berg. Der Schnee wird tiefer. Ich rutsche ab und falle in eine 3 Meter tiefe Gletscherspalte. Ich rufe um Hilfe, niemand hört mich. Ich kann mich befreien. Da ich am Ende der Marschkolonne war, haben meine Begleiter meinen Sturz nicht bemerkt.

Erschöpft ruhe ich mich in einer Höhle aus. Ich finde einen Gang und gelange in einen Raum. Darin liegen Pläne von physikalischen Erfindungen herum.«

Die Reaktionsmöglichkeiten bleiben unstabil. Ein Versuch, Höhe zu gewinnen, wird bezahlt mit einem Sturz in die Tiefe. Hilflosigkeit und Isolation sind bestimmend. Die eigene Stärke reicht aus, weiterzukommen.

»Ich suche die anderen Löwen im Eiltempo. In Richtung Nordost sehe ich meine Kollegen auf einem Berg. Sie haben mich inzwischen auch gesucht. Ich erzähle von den Plänen in der Höhle. Wir beschließen, nochmals dahin zurückzukehren. Jetzt sehen wir in diesem Raum auch menschliche Skelette. Der Raum ist ein riesiges Labor.«

Die Höhle wird Zuflucht. Das Labor für Erfindungen verweist auf neue Möglichkeiten. Die Skelette erlauben in zeitlich ferner Form und in fleisch- und blutloser Art einen Hinweis auf eine mögliche Begegnung.

»Inzwischen melden wir unseren Fund bei der Polizei. Man will hier jetzt eine Raumfahrtzentrale einrichten. Ich fahre zum König und frage nach dem Stand der Räuberüberwachung. Ein großer Teil der Räuber sei tatsächlich im Ausland, aber 7 davon habe man in Untersuchungshaft genommen, weil sie das Land nicht verlassen haben.«

Die räumliche Ferne und ein körperferner, dafür kopfnah-intellektueller Bezug zum Begegnenden offenbart sich im Plan der Raumfahrtzentrale. Ideal ist, daß doch nicht alle Räuber im Ausland sind. Das eröffnet die Möglichkeit, den Kontakt mit ihnen herzustellen.

»Ich gehe ins Gefängnis, um mit den Räubern zu reden. Wir fragen einen, der sehr gepflegt und rasiert ist, wie er zu der Räuberbande gekommen sei. Er erzählt, daß er früher in einer Fabrik gearbeitet habe und entlassen worden sei. Dieser ehemalige Direktor sei jetzt Chef im Palast des Königs. Man habe sich mit dem Goldraub an ihm rächen wollen. Ein anderer Räuber, mit dem wir reden, sieht furchterregend aus. Ein dritter wirkt sympathisch, aber kalt. Er verrät uns, daß er Vertrauen zu uns gefaßt hat und daß demnächst ein Anschlag auf den König geplant sei.«

Der Kontakt mit den Räubern relativiert deren Gefährlichkeit. Vertrauen keimt auf und ein aggressiver Impuls gegen den König wird freigesetzt.

»Die Polizei sucht die kriminellen Objekte und 15 Personen werden festgenommen. Der König wird ständig gut bewacht. Ich werde vom König gebeten, Vorschläge für neue Regeln in der Verfassung zu machen.«

Eine aktive Rolle für eine Umstrukturierung des Kräfteverhältnisses wird übernommen.

»Wir besuchen die Verhafteten im Gefängnis. Wir fragen den Chef, warum er ein Attentat vorbereitet hat. Er sagt, der König sei ein Diktator. Seine Gruppe finde das nicht richtig und wolle auch eine andere Partei gründen. Ich rede dann mit dem König. Er wollte immer nur das Beste für sein Volk und ist jetzt bereit, eine neue Staatsform zuzulassen. Das Parlament dürfe mitbestimmen. Eventuell sei es auch gut, für den Attentatsversuch nicht zu hohe Strafen zu verhängen.«

Der Kontakt mit den bösen Räubern wird weiter wichtig. Das Böse wird langsam integriert. Eine hohe Strafe, die isolierend wirken würde, wäre sinnlos. Statt dessen werden positive Möglichkeiten aktiv geplant.

»Das Gericht will die Strafe davon abhängig machen, wie beliebt der König ist. Eine Meinungsumfrage wird gestartet. Unterdessen lautet die vorläufige Strafe zwischen 10 und 16 Jahre für die Attentäter. Sie selber finden das Maß richtig. Ich gehe zum König, er setzt mit den Parlamentariern am Eßtisch und macht einen unerfreuten Eindruck. Die Kommission fühlt sich mulmig, weil eine Ära zu Ende geht. Der König wird zum Staatsoberhaupt ernannt. Das nachfolgende Essen ist sehr gut.«

Die Neuorganisation läuft weiter. Damit ist eine gefühlsmäßige Unsicherheit bzw. Belastung verbunden.

»Ich gehe schlafen und träume von einer Revolution. Die Bürger stürmen den Palast. Am Morgen gehe ich in den Palast und beteilige mich an den Vorbereitungen zum neuen Wahlsystem. Inzwischen kommt das Ergebnis der Meinungsumfrage. 70 % der Bürger sind zufrieden mit dem König, er solle aber weniger Rechte haben. Man ist bereit, einen Alleinherrscher zu akzeptieren. Der König ist zufrieden und gibt ein Festessen.«

Die beginnende Integration des Bösen verweist auf revolutionäre Umstellungen. Das alte Machtzentrum wird gestürmt. Die alte Struktur wird allerdings nicht grundlegend geändert, sondern modifiziert.

»Ein Gespräch mit den Räubern, den Parlamentariern und dem Gericht führt dazu, daß die Strafen auf 10 Jahre reduziert werden. Die Räuber dürfen ein Drittel der Kommission stellen, die das Parlament überwacht. Der Räuberchef ist hochzufrieden. Nachher gibt es Riesenmengen zu essen. Der König hat eine mißliche Laune dabei. Er sei nicht zufrieden, weil 20 % des Volkes laut Umfrage gegen ihn seien. Der König ist sehr gekränkt und wir ahnen, daß die unteren Volksschichten gegen den König sind. Er sei wenig mit dieser Mentalität vertraut.«

Das zuvor Bedrohliche wird in die Struktur eingebaut. Die Stimmungen schwanken dabei. Zufriedenheit, Kränkung und miese Laune sind nahe beieinander. Das Problem der Anerkennung ist mit dem Selbstwertgefühl verbunden. Die Beziehung zur Gesellschaft überhaupt wird hier angesprochen. Die frühere absolute Herrschaft widerspiegelt eine archaische Form. Die Demokratisierung bedeutet eine Anpassung an die heutige Realität.

»Der König beschließt, seinen Palast zu vergrößern. Eine Million Arbeiter sind damit beschäftigt. Ebenso will er die Gefängnisbewachung verschärfen.«

Die Irritation der Neustrukturierung wird belastend. Größenphantasien und vermehrte Abwehr wollen stabilisierend wirken.

»Ich schlage dem König vor, die unteren Volksschichten kennenzulernen. Dieser läßt sich unerkannt auf einer Baustelle anstellen. Ich begleite ihn. Er wohnt in einem heimeligen Bauernhaus. Wir bekommen ein reichhaltiges Essen. Dann gehe ich wieder ins Gefängnis. Die Räuber sind optimistisch.«

Wie schon in den letzten Stunden verstärkt sich die orale Bezogenheit. Gleichzeitig hat sich in den Stunden beim Patienten eine deutliche Irritiertheit breitgemacht. Er verstärkte die Abwehr sehr deutlich, was nur beschränkt aus den Protokollen hervorgeht. Die Intellektualisierung während der gesamten

Stunden nahm zu. Sie kam aber in den Imaginationen nicht in dem Ausmaß zur Geltung, wie dies in der Atmosphäre während der Sitzung spürbar wurde. Durch geschickte Handhabung der Imagination selber zu Abwehrzwecken wurde ein Widerstand zu wenig deutlich durchgearbeitet. Der Patient nahm den Vorschlag an, eine neue Geschichte anzufangen. Der Verlauf wird zeigen, daß relativ unabhängig vom konkreten Inhalt die gleichen Grundprobleme weiterbearbeitet werden, ohne daß die Dynamik des Verlaufs gestört wurde. Der Neubeginn war nicht zwingend. Eventuell hätte eine ausführliche Besprechung der Situation genügt. Bei der nachträglichen Bearbeitung dieser Fallgeschichte stellte sich auch die Frage, inwieweit der Vorschlag zu einer neuen Geschichte ein Gegenübertragungsphänomen des Therapeuten war. Der Widerstand, die Geschichte fortzuführen, wäre dabei akzeptiert anstatt durchgearbeitet worden.

Eine neue Geschichte:

»Ich werde wie von einer unsichtbaren Glocke zurückgeschmettert. Es blendet mich so stark, daß ich die Augen fast nicht öffnen kann. Ich sehe einen Esel. Auf meine Frage meint er, mit der Glocke wollen sich Menschen hier vor der Umwelt schützen. Mir ist unheimlich. Der Boden ist weich, ich habe das Gefühl, daß ich abstürze. Ich öffne langsam die Augen. Der Esel meint, hier gebe es Menschen unter der Erde. Wir laufen zu einem See. Eventuell sei hier eine Stadt unter Wasser.«

Auf ganz eindrückliche Weise wird die massive Abwehr dargestellt und durchgelebt. Die Unstabilität dabei ist beträchtlich. Die vorherigen Größenphantasien werden mit der Gefahr eines Absturzes bezahlt. Der Gegensatz »hoch–tief« wird zum Glück gerade wieder aufgenommen und weiter differenziert. Waren die Begleiter anfangs der Geschichte Löwen, an deren Stärke der Patient teilhaben konnte, ist dies jetzt nicht mehr nötig. Jetzt genügt ein Esel.

»Ich überlege, warum sich die Menschen hier verstecken. Ein zweiter Esel kommt. Beide Tiere haben einen heftigen Streit. Es geht darum, daß sich Kühe von 2 Bauern an der Hofgrenze vermischen. Es ist unklar, wem die Kühe gehören. Wir gehen zu den Bauern und finden an den Kühen Brandzeichen. Der Bauer lädt mich zum Dank in sein Haus ein.«

Die Vermischung von Grenzen wird als Konflikt erlebt. Dies konkretisiert sich durch Kühe.

»Die Mägde und der Koch servieren 30 Schüsseln. Wir bewältigen das ohne Mühe. Der Bauer zeigt uns dann sein prunkvolles Haus. Wir verabschieden uns und suchen ein Hotel auf.«

Die Oralität wird explizit formuliert. Der Gegensatz von bäuerlichem Milieu und prunkvoller Ausstattung fällt auf.

»Am nächsten Morgen will ich mehr über dieses Land wissen. Ich höre, daß der See hier untersucht wurde. Ich will einen Ausflug dorthin machen. Der Esel kommt mit. Wir mieten ein Boot, wir schwimmen und tauchen. Es gibt größere Fische und Krebse. Wir erschrecken. Ich sehe riesige getarnte Felsbrocken, eventuell ist hier der Eingang zu einer Stadt.«

Der Gegensatz »hoch–tief« wird weiter angepeilt. Dabei wird die Welt ausgeweitet. Dies ist nicht ungefährlich. Erschrecken und Tarnung sind begleitende Qualitäten. Das Wasser des Sees verweist auf einen unstrukturierten Bereich.

»Wir besorgen uns Sauerstoffflaschen und widmen uns der Tiefe. Wir tauchen durch das Eingangsloch. Vorne ist ein Haus gut getarnt. Wir schweißen eine Falltür auf. Eine steile Stiege führt hinab. Unten sehen wir eine riesige Stadt. Sie ist verlassen, aber luxuriös. Plötzlich bewegt sich eine Art Maschine, die alle Bewegungen erfaßt. Die Bewohner wissen damit, daß wir in der Nähe sind.«

Ein neuer Bereich steht offen. Die Kontaktaufnahme ist mit Angst verbunden.

»Wir entdecken ein Loch mit verschiedenen Gängen. Erst hören wir Stimmen, dann erblicken wir einen Raum mit Menschen darin. Sie schauen uns verwirrt an. Sie erzählen, sie seien vor Jahren hierher gekommen, um sich mit allen Mitteln Sicherheit vor fremden Rassen zu verschaffen. Auf der Erde sei das nicht möglich gewesen. Wir erfahren, daß die Stadt wegen unserem Eindringen evakuiert worden sei. Der Gang sei ein Fluchtweg. Ein älterer Mann – erfahren, nichts regt ihn auf – will uns die Stadt zeigen.«

Der Kontakt mit den Fremden findet statt. Sie stellen Lebensmöglichkeiten dar, die sich früher aus Angst zurückgezogen haben und nun abgesperrt sind. Irritation und Fluchtverhalten bestimmen das Bild. Der alte Mann ist eine Führungsfigur, die integrierend wirkt.

»Ich sehe jetzt viele Leute; der Führer zeigt uns Wohn- und Regierungsviertel. Er erzählt, daß vor 50 Jahren Forscher von einem anderen Landesteil hierher verjagt worden seien, weil dort Leute an der Spitze gegen solche Projekte gewesen seien. Der Esel und ich fragen, ob sie eines Tages zurück wollen. Ja, schon lange. Am nächsten Tag wollen wir die Stadt genauer besichtigen.«

Wichtig ist der Vorschlag, eine Verbindung zwischen der abgeschlossenen Stadt und den ursprünglichen Vertreibern wieder zu suchen. Die Idee dazu wird aufgenommen.

»Wir besichtigen viele Fabriken. Der Bürgermeister der Stadt legt fest, daß das Volk darüber abstimmen soll, ob man wieder ins andere Land zurückkehren wolle.«

Die mögliche Integration der abgeschlossenen Stadt wird auf eine breitere Basis gestellt. Es bestimmt kein König mehr. Der Entscheid ist ein demokratischer.

»Die Abstimmung ergibt, daß 10 Personen über riesige Gebirgsketten ins andere Land reisen sollen. Wir sind dabei. Die Auserwählten müssen harte Eignungsprüfungen durchstehen. Ich komme mir minderwertig vor, weil meine Begleiter ausgebildet sind, ich nicht. Sie sind muskulös und wirken wie Polizisten, deine Freunde und Helfer.«

Der Plan wird gefaßt. In der Konfrontation mit den neuen Möglichkeiten, auf die der Patient allerdings schon vorher in verdeckter Weise bezogen war, taucht Minderwertigkeit auf. Es wird beiläufig erwähnt, daß beträchtliche Schwierigkeiten auf diesem Weg zu überwinden sein werden.

»Nach der Reisevorbereitung verabschieden wir uns und reisen ab. Gegen Abend übernachten wir auf 2000 m Höhe. Es liegt Schnee, und es ist kalt. Wir studieren die Geschichte des Ziellandes.«

Höhe wird nach der Tiefe wieder wichtig. Die Atmosphäre in diesem Bereich ist kalt.

»Wir sind unterwegs, kommen gut miteinander aus. Wir fahren über hohe Pässe. Schneestürme erschweren den Weg. Wir müssen die Straße freischaufeln.«

Widerstände werden aktiv überwunden.

»Ein hohes Gebirge ist zu überwinden. Lawinen sind niedergegangen. Unser Auto hat eine Abwehrvorrichtung mit Maschinengewehren und Stützen, damit wir nicht versinken können.«

Widerstände sind weiterhin aktiv. Die Abwehr konkretisiert sich.

»Wir verlassen das Land. Der Esel und ich kommen zur Grenze. Das neue Land heißt Hydros. Die Luft wird stickig im Auto. Ein Reifen platzt. Wir überqueren die Grenze und studieren Literatur über das neue Land.«

Die Atmosphäre ist weiterhin belastend. Weitere Schwierigkeiten werden überwunden.

»Wir fahren weiter und gelangen in eine Stadt. Etwa 40 % der Bewohner sind Esel, die anderen sehen aus wie wir. Im Zentrum liegt der Hydrospark, ein streng bewachtes Naturschutzgebiet. An die Tiere darf man höchstens bis auf 50 Meter heran.«

Der Grund der Abwehr wird ersichtlich. Die animalisch-instinkthafte Sphäre wird verschlossen und auf Distanz gehalten.

»Wir zahlen Eintritt und sehen erst Fotos von Tieren, aber auch ausgestopfte Tiere. Warntafeln und Sicherheitsmaßnahmen sind überall. Bei den Wegen gibt es Gitter. Niemand kann die Vorschriften brechen. Wir sehen jetzt Vögel, Leoparden und Raubtiere. Die Stimmung ist gut bei uns.«

Der Kontakt mit dem Abgewehrten muß gesucht werden. Dies geschieht, allerdings erst in distanzierter Form durch Fotos und ausgestopfte Tiere. Die Gefühlsambivalenz ist deutlich. Die Stimmung ist zwar gut, vor dem Nächststehenden wird aber gewarnt.

»Wir schauen uns die Stadt an. Im Hotelzimmer findet sich eine zweite Türe. Sie führt auf einen Außengang, um möglichen Verfolgern zu entkommen. Wir richten uns ein. Die Kellner, die das Menü servieren beim Essen, sind freundlich, reden aber nichts.«

Ein direkter Kontakt findet noch nicht statt. Statt dessen werden Fluchtmöglichkeiten thematisiert. Ebenso ist noch kein persönlicher Kontakt zu den Bewohnern zustande gekommen.

»Wir kaufen uns Literatur über den Hydrospark und machen einen Plan. Nachdem wir uns tags in einem Container verstecken, wollen wir ein Gitter im Park aufschweißen. Wir haben Warngeräte und Chloroform. In der Nähe der Tiere verstecken wir uns im Container, schweißen nach Besuchsschluß ein Gitter auf und gehen zu den Tieren. Ein Tiger ist verwundert, er versteckt sich nicht. Wir fragen einen Schimpansen nach dem Grund der strengen Bewachung. Bei einem Waldbrand seien viele Tiere umgekommen. Deshalb wurde der Rest so bewacht. Den Tieren gefällt es hier, einzig die Luft sei nicht so gut. Ich finde das komisch und fasse mich nach ein paar Minuten.«

Der direkte Kontakt zu den abgewehrten Tieren wird aufgenommen. Dies geschieht über Umwege und mit Sicherheitsvorkehrungen. Der Waldbrand verweist auf den traumatischen Rückzug und macht die Vorsicht plausibel. Die Irritation legt sich etwas am Schluß.

»Wir sehen noch ein Tier mit einem Gesicht von einem Reh, das Fell ist das eines Raubtieres. Es erzählt, die Tiere seien hier nach einem Brand angesiedelt worden, sie fühlen sich aber nicht besonders wohl. Wir beschließen, einen Antrag zur Vergrößerung des Geländes einzubringen. Wir gehen durch das Gitter zurück. Dabei werden wir von Männern gesehen, die uns mit Waffen drohen. Der Werkschutz will uns umkreisen. Wir können entkommen.«

Ein Mischtier taucht auf. Reh und Raubtier sind verschmolzen. Dies verweist darauf, daß Weiblichkeit und Gefährlichkeit gekoppelt sind. Es ist notwendig, sich auf die Tiere und deren Lebensmöglichkeiten einzulassen. Der Antrag zur Vergrößerung des Geländes ist ein erster Schritt dazu. Das Instinkthafte einerseits und die Kontrolle dagegen andererseits konkretisiert sich.

»Im Hotel werden wir im Speisesaal von den anderen Gästen nur eines kurzen Blickes gewürdigt. Wir reden mit ihnen. Die Leute werden freundlicher und erzählen, daß sie vom Inneren des Landes kommen. Nach dem Essen fassen wir den Plan, daß wir uns teilen. Eine Gruppe bleibt da, eine andere will mit dem Zoodirektor reden. In der Zeitung sehen wir einen Bericht über unseren verbotenen Einbruch im Hydrospark.«

Der Plan zur Vergrößerung wird konkretisiert.

»Der Direktor begrüßt uns freundlich. Wir bitten um mehr Freiheit für die Tiere. Er erklärt, daß viele nicht verstehen können, daß die Tiere unter Schutz stehen. Man habe keine Möglichkeit zur Vergrößerung. Auf dem Pult bemerken wir einen Brief einer Naturvereinigung mit dem gleichen Anliegen wie dem unseren. Schließlich kommt der Direktor zu dem Schluß, daß man wenigstens den Auslauf der Tiere vergrößern könnte. Ebenso sollen die Häuser renoviert werden. Die Sicherheitsvorkehrungen werden verstärkt, es sei viel gestohlen worden in der letzten Zeit.«

Die Ambivalenz verstärkt sich. Parallel zur Bewilligung des Auslaufs wird die Kontrolle verstärkt.

»In der Stadt sehen wir einen Unfall. Es gibt keine Verletzte. In einem Café beobachten wir den Verkehr. Er nimmt zu. Wir sind erschöpft vom Tag und gehen ins Hotel. In der Zeitung lesen wir von einem Baseballspiel, zu dem 150 000 Leute erwartet werden. Für morgen besprechen wir eine Beobachtung der hiesigen Einwohner, dann wollen wir zum Baseballspiel.«

Der Konflikt konkretisiert sich im Unfall. Die Energie nimmt ab. Der Widerstreit zwischen Impulsen spiegelt sich im angekündigten Baseballspiel wider.

»Am Morgen will ich allein unsere mitgebrachten Beobachtungsapparate studieren. Ich sage, daß mein Magen verstimmt sei. Ich schaue die Fotoapparate, Fernrohre und Waffen an. In der Zeitung lese ich dann, daß es im Baseballspiel zu einem erbitterten Kampf kommen wird. Meine Kollegen kommen wieder vom Frühstück. Wir stellen jetzt ein Riesenfernrohr zur Beobachtung auf. Durch das Fenster sehen wir Menschen in bunten Kleidern. In einer anderen Gegend sind viele Leute. Es gibt viele Frauen. Durch einen Blick in ein Büro sehen wir, daß 2 Männer über den Kaffee der Sekretärin murren. Wir wollen jetzt eine bestimmte Person länger beobachten. Wir nehmen eine Frau ins Visier. Sie geht in eine

Drogerie, um Hustensirup für ihren Sohn zu kaufen. Dann geht sie zu einem Elektrogeschäft. Die Frau trifft jetzt eine Freundin. Sie reden miteinander und verabschieden sich wieder.«

Ein erbitterter Kampf wird thematisiert. Der Gegensatz »männlich-weiblich« wird weiter aufgenommen. Die Weiblichkeit wird erst in distanzierter Form zugelassen. Freundschaft als Möglichkeit einer Beziehung erweitert die konflikthaften Bezüge.

»Die Frau geht zu einem Hot-Dog-Stand und nachher zur U-Bahn. Wir räumen das Fernrohr ab und wollen dann zum Stadion. Wir fahren mit der U-Bahn und beobachten die Leute. Zwei Jugendliche streiten wegen dem bevorstehenden Spiel. Im Stadion finden wir Stehplätze. Das Spiel beginnt. Die Leute jubeln. Nach einer Spielunterbrechung entsteht eine Schlägerei zwischen den Anhängern der beiden Parteien. Nach dem Sieg der englischen Mannschaft herrscht eine riesige Feststimmung. Wir gehen wieder zur U-Bahn und fahren in ein Quartier, das nicht vornehm ist. Die Häuser sind Baracken. Nachher fahren wir ins Hotel, das von blühenden Pflanzen umgeben ist. Wir sind erschöpft.«

Die spielerische Auseinandersetzung verstärkt sich. Der Konflikt ist mit einem Energieverlust verbunden und endet in einer Schlägerei. Der Patient bleibt auf Gegensätzliches bezogen. Die Umgebung ist häßlich und schön, Baracken und blühende Blumen kommen vor. Beides hat Platz nebeneinander.

»Wir beschließen, das Gebiet anzuschauen, wo die Tiere des Zoos früher gelebt haben. Wir wollen dort Luft-, Wasser- und Bodenproben machen und nehmen unsere Apparate mit. Ich bin nervös, weiß nicht wieso. Auf einem Bahnhof steigen wir um. Wir sind verwirrt, es hat keine Markierung.«

Die Intervention betraf am Anfang der Stunde die Frage nach 3 problematischen Punkten, um den Konflikt möglicherweise zu konkretisieren. Erstens gäbe es die Möglichkeit, die eingesperrten Tiere frei zu lassen. Ergebnis wäre die Öffnung der »eingesperrten« animalischen Sphäre der Zootiere. Zweitens interessierte die Befindlichkeit des Mischtieres, das früher im Zoo getroffen wurde. Es verweist auf Verschmelzungen. Drittens war die Frage am Platz, wie es wäre, die Frau, die durch das Fernrohr entdeckt wurde, persönlich kennenzulernen. Eine nahe Mann-Frau-Beziehung ist damit angesprochen.

Der Patient reagiert auf die »wunden« Punkte verwirrt. Es macht ihn nervös, er greift die Vorschläge aber auf.

»Am Zielbahnhof mieten wir ein Auto und fahren Richtung Süden. Ich habe immer noch ein komisches Gefühl im Magen. Wir kommen ins gesuchte Gebiet. Neben einem Haus ist eine Schranke. Erst sagt der Schrankenwärter, es sei nicht erlaubt, weiterzufahren. Wir einigen uns und fahren in das ehemalige Gebiet der Tiere. Nach dem Messen der Luft- und Wasserwerte nehmen wir Bodenproben mit. Bei der Rückfahrt ist die Schranke wieder unten. Der Mann ist verschwunden. Wir gehen ins Haus und lösen selber den Mechanismus aus. Auf der Autobahn gibt es nachher eine Massenkarambolage.«

Die Irritation hält an. Der mögliche freiere Lebensraum der Tiere wird durch Schranken eingegrenzt. Die Massenkarambolage verweist auf die Störungen im freien Fluß innerhalb eines Lebens- und Aufenthaltsraumes.

»Auf der Rückreise fällt mir auf, daß die Leute ganz ruhig und freundlich sind. Im Hotel werten wir die Proben aus. Die Erde ist schlecht. Eine Umsiedlung der Tiere vom Zoo dorthin wäre nicht gut. Dann schreiten wir zu einem Menü von 5 Gängen. Anschließend suchen wir den Zoodirektor auf. Wir erklären ihm unsere Befunde. Er garantiert uns die Erweiterung der Tiergehege. Wir erkundigen uns nach dem Mischtier Reh-Raubtier, das wir früher hier gesehen haben. Der Direktor erklärt, daß dies ein Experiment war. Man habe aus Versehen einem Raubtier den Kopf abgeschlagen, habe dann dasselbe bei einem Reh gemacht und die Teile neu zusammengenäht. Es habe sich aber nicht bewährt, weil das Tier zuviel Auslauf gebraucht habe.«

Die Stimmung bessert sich. Die Möglichkeit, die Tiere frei zu lassen, wird aber nicht aufgenommen. Das Essen unterstreicht die eher regressive Tendenz. Die gefundene Lösung der Erweiterung des Geheges ist ein Kompromiß. Interessant ist, daß die Verschmelzung des Mischtieres eine Traumatisierung anklingen läßt. Zugleich wird die Untauglichkeit dieser Verschmelzung angesprochen.

»Wir wollen das Mischtier besuchen. Auf unsere Befragung meint es, ihm gehe es sehr gut. Man habe hier viel Auslauf. Die Atmosphäre sei gut. Eine Vergrößerung des Parks sei seiner Meinung nach nicht nötig. Jetzt sieht das Mischtier aber normal aus. Man sieht kaum noch, daß es ein Mischtier ist. Es erinnert höchstens an eine neue Tierrasse in Richtung Schaf/Ziege. Das Tier sieht glücklich aus. Es ist zufrieden mit seinem Revier.

Wir beschließen, die Frau aufzusuchen, die wir früher durch das Fernrohr beobachtet haben. In der U-Bahn starre ich auf den Boden und sehe eine andere Frau nicht, die auch im Wagen sitzt. (Hier »fällt« der Patient aus der Imagination.) Wir finden die Wohnung der gesuchten Frau. Die Frau hat eine schwarze Hose und einen gelben Pullover an. Sie hat 2 Kinder. Ich finde die Frau sympathisch. Sie erzählt uns, daß man hier von den ausgewanderten Leuten nachher nichts mehr gehört habe. Wir wollen sie wieder einmal besuchen. Im Hotel stolpere ich die Stiege hinunter und reiße zwei Kollegen mit. Das Zimmermädchen verfehle ich knapp. Sie wundert sich, was wir verstümmelt auf dem Boden machen.«

Die Ausführungen des Mischtieres, das jetzt keines mehr ist, zeigt an, daß in der Zwischenzeit die Struktur der Verschmelzungen weitgehend behoben ist. Damit ist ein entscheidender Punkt der Therapie geleistet. Das Tier drückt keine Konflikte aus.

Eine mögliche größere Nähe zu einer Frau ist nochmals mit einer Angstreaktion verbunden. Einerseits »sieht« er eine Frau nicht, die er wahrnimmt. Andererseits fällt er aus der Imagination und muß sich konzentrieren, um weiterzumachen. Er überwindet sich, bleibt aber deutlich irritiert. Er verliert den festen Boden, eine Traumatisierung wird aktualisiert.

»Am nächsten Tag gehen wir ins Kino. Im Film krachen 2 Autos zusammen, Spione bekämpfen sich. Ich schlafe trotz des Films ein und träume, daß ich auch kämpfe. Nach dem Kino gehen wir nach Hause und werden fast von einem Auto überfahren. Im Hotel lege ich mich hin und erwache wieder, weil eine Frau mit einem Kind streitet, das ärgert mich.«

Die Irritation hält an. Der Patient begibt sich träumenderweise direkt in einen Konflikt. Er wird auch fast überfahren. Das Konflikthafte konkretisiert sich weiter. Ein schwieriger Kind-Mutter-Bezug wird thematisiert, Ärger steigt dabei auf.

»Am anderen Tag suchen wir das Gespräch mit dem Bürgermeister. Die Sekretärin läßt uns erst 20 Minuten schmoren. Wir wollen wegen der Einwanderung von ca. 100 Personen aus unserem Ursprungsland reden. Der Bürgermeister weiß nichts von der Auswanderung. Er meint, eine Einwanderung sei schwierig, aber er könne dies für 50–70 Personen bewilligen. Wir erhalten die gewünschten Dokumente.«

Eine mögliche Verbindung des alten mit dem neuentdeckten Land wird in die Wege geleitet. Dies ist ein wichtiger Schritt zur Integration der jetzt neuentdeckten Lebensbereiche.

»Wir wollen langsam in unser Land zurückkehren, und zwar auf einem anderen Weg, mit einem Unterseeboot. Wir suchen die Adresse eines Verkaufsladens und bestellen eines. Wir packen alle Koffer und verabschieden uns vom Hotel. Wir fahren zum U-Boot-Laden. Der Chef macht den Vorschlag, daß der Verkäufer mit uns fahren soll. Wir steigen ins Boot und nach 20 Minuten sind wir in einem Kanal außerhalb der Stadt. Die Landschaft ist schön, der Fluß ungefähr 100 Meter breit.«

Die wesentlichen Aufgaben der Entdeckungsreise scheinen erfüllt.

»Wir fahren Richtung Landesinneres und wollen die Hauptstadt Hydros besuchen. Ich bin erst bei der Einstiegsluke. Das Boot fährt über Wasser. Dann gehe ich ins Cockpit und suche den Kommandanten. Er ist nicht da. Ich suche im Maschinenraum. Ich rutsche auf einem Ölfleck am Boden aus. Ich falle mit dem Rücken auf Metall und schaue, ob ich nichts gebrochen habe. Jetzt sehe ich den Kommandanten am Boden liegen. Er ist bewußtlos. Ich muß den Verletzten aus dem stickigen Raum heraustragen. Plötzlich spritzt Wasser durch eine Luke. Der Raum füllt sich sofort bis zum Knöchel. Jetzt spritzt es aus einer zweiten Luke. Das Wasser kommt mir bis zur Hüfte. Ich kann mich gerade noch retten. Mir ist mulmig. Den Kommandanten legen wir in eine Decke.«

Das Zentrum des neuen Landes ist noch unentdeckt. Dies macht Angst. Die Bewußtlosigkeit und der Einbruch des Wassers drücken den Modus dieses Bezogenseins auf das noch zu entdeckende Zentrum aus. Allerdings »leibt« der Patient nicht selber diesen Bezug sondern nimmt über den Kommandanten daran teil. Der Patient bewahrt im Vergleich zu ihm eine größere Freiheit.

»Der Esel, ein Sanitäter, untersucht den Verletzten. Eine Schnittwunde muß genäht werden. Der Patient hat viel Blut verloren. Er bekommt einen Sauerstoffschlauch. Wir gehen dann ins Cockpit und erzählen, was passiert ist. Die Lage im U-Boot normalisiert sich. Wir sind noch 50 km von Hydros entfernt. Wir wollen die Stadt anschauen und dort übernachten. Ich gehe nochmals zum Patienten. Er bekommt Schmerzmittel.«

Nach diesem Schrecken beruhigt sich die Lage wieder.

»Wir landen im U-Boot-Hafen 10 km vor Hydros. Wir müssen noch das Boot putzen. Dann gehe ich zum Aufenthaltsraum. Dem Verletzten geht es besser. Ich steige nachher in die Einstiegsluke und beobachte den Hafen. Es ist kein schönes Gebiet. Es hat Baracken, viel Blech zum Verschrotten. Es stört mich nicht. Daneben schaue ich mit Vergnügen den Gegensatz, nämlich prunkvolle Glashäuser, an. Auf der Straße streiten 2 Personen. Ein Polizist schreitet ein.«

Diese Szene ist sehr interessant. Kurz vor dem Ziel formuliert der Patient von sich aus einen Gegensatz, wovon in der Therapie nie geredet wurde. Es ist der Gegensatz von Baracken und prunkvollen Häusern. »Es stört mich nicht«, wird dazu gesagt. In der ersten Therapiestunde erschien ein riesiger schöner Palast. Unschönes oder Negatives hatte damals keinen Platz. Die Baracken kann man mit gutem Grund als Hinweis darauf auffassen, daß nun der Integrationsprozeß von nicht nur positiv besetzten Gegebenheiten vorangeschritten ist. Die narzißtischen Überhöhungen, die am Anfang der Therapie stabilisierend wirken wollten, sind jetzt abgelöst durch echtere Stabilisierungen. Es ist das Gleichgewicht von Schönem und Nichtschönem oder im Zusammenhang mit dem theoretischen Teil dieser Arbeit ausgedrückt: die positiven und negativen Besetzungen der Selbst- und Objektrepräsentanzen sind ausgeglichener. Allerdings bedeutet das keinen totalen Frieden. Zwei Personen streiten noch. Es wird darauf ankommen, wie dieser Streit bewältigt wird.

»Ich beobachte weiter Neu-Hydros mit seinem großen Hafen. Nachher wollen wir mit dem Bus ins Zentrum fahren und Einkäufe machen. Trotz der Warnung vor kriminellen Elementen lassen wir keine Wache beim U-Boot. Wir treffen wieder die beiden Männer, die gestern miteinander gestritten haben. Es sieht jetzt aber harmlos aus. Einer beschuldigt den andern, eine Wette nicht eingehalten zu haben. Ein Polizist schafft das Problem aus der Welt, indem er die Zahlung vornimmt. Man könne sich das erlauben, das Geld gehöre dem Staat. Wir gehen weiter zur Stadtmitte.«

Ebenso ist hier im Gegensatz zum Anfang Platz für Negatives in Form von möglichen kriminellen Elementen, ohne daß eine massive Abwehr mobilisiert werden muß. Der Streit der letzten Stunde wird problemlos gelöst.

»Der Verkehr ist gut geregelt. Es hat viele Polizisten. Eine Reisegruppe kommt daher. Einige Frauen schauen betrübt drein. Ich frage sie, wieso das so sei. Die Bedingungen zum Einkaufen seien schlecht, es gabe zu wenig Wohnungen. Ich denke, daß die Frau nicht gut argumentiert und frage noch einen Mann. Er meint, der Lärm sei groß, alle Leute seien im Streß. Die Leute hier gefallen mir nicht so. Die Stimmung im Stadtinneren ist gedrückt.«

Die Kontrolle wird doch wieder leicht verstärkt. Viele Polizisten sind da. Das Zentrum der Reise ist erreicht. Ist es Zufall, daß hier Streß, gedrückte Stimmung und betrübte Frauen das Bild beherrschen? Dies könnte der zentrale Lebensbezug des Patienten gewesen sein.

»Wir laufen Richtung Westen und entdecken ein Restaurant. Der Kellner kommt lange nicht. Ich werde unruhig. Ich esse dann eine Bouillon mit Gemüse und Fleisch. Sie ist ausgezeichnet. Vom Salat bin ich enttäuscht, es gibt zu wenig Sauce. Morgen wollen wir Hydros verlassen. Nach einem Spaziergang durch die Stadt gehen wir wieder zum U-Boot.«

Das Ziel der Reise ist erreicht. Die Rückkehr ins alte Land wird geplant. Ein Austausch zwischen beiden Ländern ist möglich. Gleichzeitig entschloß sich der Patient, die Therapie zu beenden. Er hatte schon seit geraumer Zeit keine Symptome mehr, und die Eltern des Jünglings waren mit seiner Entwicklung sehr zufrieden. Er absolviere erfolgreich die Mittelschule und sei in seiner gesamten Art stabiler geworden.

Die Therapie verlief über gut 60 Stunden und wurde durch eine hohe Motivation des Jünglings sehr erleichtert. Vieles, vielleicht sogar Wesentliches an einer Therapie ist über einen schriftlichen Bericht nicht vermittelbar. Der theoretische Hintergrund, wie er im ersten Teil beschrieben ist, verbindet sich mit dem persönlichen Stil des Therapeuten. Beides prägt den konkreten Ablauf der Stunden. Jeder Therapeut wird dies wieder anders machen. Der Verständnishintergrund und die Interventionen während der Therapie basierten auf den Vorstellungen, die im theoretischen Teil dargestellt worden sind. Es gab aber eine Mehrzahl von Stunden, wo überhaupt keine Interventionen nötig waren. Es zeigte sich eindrücklich, daß bei einer analytischen Haltung eine Imaginationsserie von sich aus die Tendenz hat, die Probleme darzustellen und gleichzeitig einen Selbstheilungsprozeß in Gang zu setzen.

Literatur

Ammann AN (1978) Aktive Imagination. Walter, Olten

Beit H von (1981) Symbolik des Märchens. Franke, Bern

Binswanger L (1942) Grundformen und Erkenntnis menschlichen Daseins. Niehäus, Zürich

Boss M (1971) Grundriß der Medizin. Huber, Bern

Boss M (1974) Der Traum und seine Auslegung, Kindler, München

Boss M (1975) Es träumte mir vergangene Nacht. Huber, Bern

Boss M (1976) Indienfahrt eines Psychiaters. Huber, Bern

Boss M (1978) Praxis der Psychosomatik. Benteli, Bern

Boss M (1979) Von der Psychoanalyse zur Daseinsanalyse. Europaverlag, Wien München Zürich

Boss M (1980) Psychoanalyse und Daseinsanalytik. Kindler, München

Boss M (1982) Spannweite der Seele. Benteli, Bern

Boss M, Condrau G, Hicklin A (1977) Leiben und Leben. Benteli, Bern

Blanck G, Blanck R (1980) Ich-Psychologie II. Klett-Cotta, Stuttgart

Blanck G, Blanck R (1981) Angewandte Ich-Psychologie. Klett-Cotta, Stuttgart

Capra F (1983) Wendezeit. Scherz, Bern

Condrau G (1963) Daseinsanalytische Psychotherapie. Huber, Bern

Condrau G (1965) Psychosomatik der Frauenheilkunde. Huber, Bern

Condrau G (1972) Aufbruch in die Freiheit. Europaverlag, Wien

Condrau G (1973) Was ist Psychotherapie. In: Medard Boss zum 70. Geburtstag. Huber, Bern

Condrau G (1976) Angst und Schuld als Grundproblem der Psychotherapie. Suhrkamp, Berlin

Condrau G, Hicklin A (1977) Das Werden des Menschen. Benteli, Bern

Descartes R (1961) Abhandlung über die Methode des richtigen Vernunftgebrauchs. Bedan, Stuttgart

Freud A (1964) Das Ich und die Abwehrmechanismen. Kindler, München

Freud A (1966) Einführung in die Technik der Kinderanalyse. Reinhard, München

Freud S (1943) Ges Werke, Bd 8. Fischer, Frankfurt am Main
Freud S (1952) Über Psychoanalyse. Ges Werke, Bd 8. Fischer, Frankfurt am Main
Freud S (1969) Darstellungen der Psychoanalyse. Fischer, Frankfurt am Main
Freud S (1971) Selbstdarstellung. Fischer, Frankfurt am Main
Gebser J (1966) Ursprung und Gegenwart. Deutsche Verlagsanstalt, Stuttgart
Hartmann H (1972 a) Die Grundlagen der Psychoanalyse. Klett, Stuttgart
Hartmann H (1972 b) Ich-Psychologie. Klett, Stuttgart
Heidegger M (1949) Über den Humanismus. Klostermann, Frankfurt am Main
Heidegger M (1954) Wissenschaft und Besinnung. In: Vorträge und Aufsätze. Neske, Pfullingen
Heidegger M (1972) Sein und Zeit. Niemeyer, Tübingen
Heidegger M (1976) Die Technik und die Kehre. Neske, Pfullingen
Hicklin A (1984) Daseinsanalyse und Narzißmustheorie. Daseinsanalyse, vol 1, 2. Karger, Basel
Jacobson E (1974) Das Ich und die Welt der Objekte. Suhrkamp, Frankfurt am Main
Jacobson E (1977) Depression. Suhrkamp, Frankfurt am Main
Kernberg OF (1978) Borderline-Störungen und pathologischer Narzißmus. Suhrkamp, Frankfurt am Main
Kernberg OF (1981) Zur Theorie der psychoanalytischen Psychotherapie. Psyche 8/81:673–703
Kohut H (1969) Die psychoanalytische Behandlung narzißtischer Persönlichkeitsstörungen. Psyche 5/69:321–348
Kohut H (1979) Die Heilung des Selbst. Suhrkamp, Frankfurt am Main
Leuner H (1980) Katathymes Bilderleben. Huber, Bern
Leuner H, Lang O (1982) Psychotherapie mit dem Tagtraum. Huber, Bern
Leuner H, Horn G, Klessmann E (1977) Katathymes Bilderleben mit Kindern und Jugendlichen. Reinhardt, München
Maass H (1981) Der Therapeut in uns. Walter, Olten
Maass H (1984) Der Seelenwolf. Walter, Olten
Mahlers MS (1979) Symbiose und Individuation. Klett-Cotta, Stuttgart
Marmon E (1979) Konzepte der Erziehungsberatung. Beltz, Weinheim Basel
Masterson J (1980) Psychotherapie bei Borderline-Patienten. Klett-Cotta, Stuttgart
de Mause L de (1977) Hört ihr die Kinder weinen? Suhrkamp, Frankfurt am Main
Mentzos S (1984) Neurotische Konfliktverarbeitung. Fischer, Frankfurt am Main

Rappaport D (1973) Die Struktur der psychoanalytischen Theorie. Klett, Stuttgart
Reich W (1973) Charakteranalyse. Fischer. Frankfurt am Main
Rohde-Dachser C (1979) Das Borderline-Syndrom. Huber, Bern
Rohde-Dachser C (1983) Traum, Traumbearbeitung und die Ich-Struktur des Patienten. In: Ermann M (Hrsg) Der Traum in Psychoanalyse und analytischer Psychotherapie. Springer, Berlin Heidelberg New York
Shainberg D (1979) Work with imagination in the treatment of borderline patients. J Amer Aca psychoanal 7:419
Spitz RA (1967) Vom Säugling zum Kleinkind. Klett, Stuttgart
Steiner R (1914) Die Stufen der höheren Erkenntnis. Steiner, Dornach
Volkan VD (1978) Psychoanalyse der frühen Objektbeziehungen. Klett, Stuttgart
Wiederkehr-Benz K (1982) Kohut im Überblick. Psyche 1/82:1–16 Klett, Stuttgart